03

까만나라 노란추장 한상기의 신앙체험기

나는 나이고 싶다

I Wish I Could Be I

한상기 Sang Ki Hahn

학자원

미국 클리블랜드 집 벽에 걸어놓은 십자가와 성모님 그림.
이것을 바라보며 무릎 꿇고 합장하고 '성모님 문 열어주세요! 예수님 저 왔어요!'
이렇게 기도하면 합장한 두 손이 스스로 떨어져 나갔다. 그런 다음 50개
성경구절을 암송했다. 그리고 '너는 나를 누구라고 생각하느냐?' 이 예수님의
물으심에 '살아계신 하느님 아버지의 아드님 주 예수그리스도십니다.'라 하였다.
그러고 기도하고 있을라치면 바라보고 있었던 십자가가 복제되어 하나가 나에게
가까이 다가왔다. 그리고 무아경에 들었다. 이때 여러 가지가 떠올랐다.
이것을 옆에 둔 공책에 기록하였다. 그런 다음 인근에 있는 성당(베네딕토 수도원
수사신부님들이 운영하는) 새벽미사에 나갔다. 그러기를 20여 년간 하였다.

문 열고 나오시는 성모님 그림
클리블랜드 성 김대건 한인성당

성지 미리내에 모셔진 도미니꼬 배문한 신부님의 묘소 참배.
배문한 신부님의 인솔로 가톨릭교회에 나가게 되었다.
신부님은 대학/대학원 동문이시다.

미국 클리블랜드 아삼숀 성당(새벽 미사 나간)에
있는 성모 승천 그림

빛이 방사되는 십자가(미국 브렉시빌 성당).
바라다보고 기도한 십자가가
이렇게 빛을 방사하기도 하였다.

머리말

나는 1933년 칠갑산 자락 한촌에서, 어머님께서 3일간 진통을 겪으신 다음 양의의 도움을 받고, 기적적으로 나를 출산하셨다. 아버님은 정산 향교 전교를 지내신 유학자셨고, 어머님은 매년 70리 길을 걸어서 계룡산 신원사에 불공을 다니셨다.

식물유전 육종학자가 되고자 서울대 농대에 입학하여 2학년 때, 수덕사에 가서 한겨울을 지내면서, 김일엽 스님을 뵙고 좋은 말씀을 들었다.

오래도록 잊히지 않는다. 대학원시절 배문한 동문의 꾀임으로, 1959년 수원 북수동 성당에서 영세하였다. 배문한 동문은 후에 신부가 되시어 동해안에서 세 여인이 바닷물에 빠져 사경에 있었을 때, 바다에 뛰어들어 그 세 여인을 구해 살리시고, 본인은 기진하여 병원에 이송되시다 선종하시어, 살신성인殺身成仁하신 신부님이시다.

서울대 농대 교수가 되어 있었을 때, 나에게 두 갈래 길이 주어졌다.

하나는 영국 캠브리지에서 초청받아 식물유전 육종학을 연구하는 것이었고, 다른 하나는 가난과 굶주림에 허덕이는 아프리카 가난한 사람들의 식량안전을 위하여 나이지리아 이바단에 창설된 국제열대농학연구소에 가는 것이었다.

1970년(혹심한 내란이 끝난 해) 나이지리아 라고스 경유 영국 런던에 가는 비행기표를 사가지고 우선 나이지리아 이바단시에 있는 국제열대농학연구소에 가서 인터뷰한 다음, 여기에 갈까 저기에 갈까 망설이다가, 캠브리지에 가는 것을 포기하고 아프리카에 가서, 가난하고 굶주리는 아프리카 사람들의 주식작물개량을 위한 연구의 길을 택해, 1971년 아이들 셋만 데리고 큰 아이는 한국에 떨어뜨리고 갔다.

1994년까지 일왕불퇴一往不退의 각오로, 23년간 하루도 결근 않고 일하면서 공무 차 여러 아프리카 나라와 아시아, 남미 여러 나라를 다녀야 했다.

무려 73개국에 다녔다. 내병다수성 카사바를 만들어 농민들에게 대대적으로 보급하여, 기아 해소시켜 나이지리아 이키레읍 추장이 되기도 하여, 한국에서는 1980년대 초등학교 생활의 길잡이 책(3학년 2학기)에 그리고 최근에는 초등학교 6학년 1학기 국어읽기에도 소개 되었으며, 이에 대하여 웅진출판사가 펴낸 '까만나라 노란추장' 이라는 책이 무려 47쇄나 나왔다.

우리 내외는 삼수갑산 나이지리아 이바단 연구소 사택에서 살면서 둘이서만 얼굴 맞대고 외롭고 쓸쓸하고 어렵게 살아야 했다. 일종의 수도생활과 같았다.

1994년에 은퇴하여 집사람이 세 아이들 가까이 가서 살자 하여, 춥고 눈 많이 오는 미국 클리블랜드에 가서 21년간 살았다. 거기에서는 오히려 더 외로웠다.

외로움을 달래기 위하여 베네딕토 수도원 수사 신부님들이 운영하는 인근 미국 성당의 새벽미사에 내외가 10여 년간 함께 나가면서 미사 참례 가기 전 나는 집에서 기도하다 무아경에 들었을 때 떠오른 것을 적었다. 그리고 아프리카에서 나를 위하여 무진 고생한 집사람이 2010년대 치매가 일어 보살펴줘야 해서 새벽 미사에 참례 못하고 5년간 집사람 거들어 주며 집에서 새벽 2시에서 5시 사이에 일어나 무릎 꿇고 합장하고 50개 성경구절을 암송하고 기도하다가 무아경에 들었을 때, 떠오른 것을 적어, 공책 170권에 적었다. 이것은 아프리카에서 23년간 그리고 미국에서 21년간 도합 44년간, 이렇게 외로운 환경에서 기도생활을 하면서 적은 것이다. 그리고 꿈도 기록하여 두었다.

치매 걸려 근 10년간 허덕이는 집사람 데리고 한국에 묻히려고 반세기만에 2015년에 귀국하여 수원에서 살고 있다.

새벽에 일어나 기도하다가 무아경無我境 중에, 떠오른 것을 적은 것이 천여 개 된다. 그 중 골라서 5권의 시리즈 책에 수록한다. 무아경 중에 떠오른 것이 다양한데도 기이하게 중복 되는 것이 거의 없고, 단속적으로 기록한 것인데, 문맥이 정연히 연결되어 있다. 이것을 수정치 않고 (철자만 고치고) 그대로 여기에 실었다. 난해한 것이 많다. 나는 어휘가 부족한 사람이다.

그런데 어찌된 것인지 써보지도 않은 단어가 튀어나와 적기도 하였다. 이것은 나에게서 나온 것이 아니라 위에서 내린 것이라고 여긴다. 나의 명상시집 '아프리카 광야에서'에 대하여 저명한 문학 평론가 정과리 선생이 이렇게 평하여 주셨다. '시편들을 읽어보면 그 각오는 신앙과 깊이 관련되어 있는 것으로 보인다. 수직의 높이에서 진리의 이름으로 그에게 내려 온 말씀이 있었을 것이다.'

나는 오랫동안 외국 생활을 하여야 했고, 농학을 한 사람이라서 여러 책을 탐독할 수 없었다. 그러나 짧은 지식으로 무아경에 대하여 알아보려고 시도했다. 최근에 심리학 해설(칼 융 지음, 성영환 옮김)에서 내가 기도 중에 체험한 것과 매우 가까운 것을 발견하였다. 그 안에 있는 꿈, 무의식 그리고 상징을 적용하여 무아경에 대하여 이렇게 외람되이 정리하여 본다.

무아경을 통하여 외부로부터 차단된 상태가 됨으로써 위선적이고 인습적인 아집의 사고에서 탈피하여 새로 나게 된다. 그래가지고 이성과 본능을 일치하게 하고, 원형과 의식 그리고 무의식의 통합을 이루어, 태초에 지니고 나온 본능에 이르게 한다. 그리고 저 심연에 깊숙이 잠겨 있는 심리의 집단적이고 구조적인 요소와 같은 원초적 심상과 접하게 함으로써, 자발적이고 창조적인 인간이 된다. 그렇게 되어 꾸미지 않고 자연스런 지혜가 풍부한 무의식의 저장고에서 충만한 기운을 끌어내고, 명확하고 신선한 메시지가 나타나게 한다. 그렇게 됨으로써 자아 실현되어 영광스럽고, 보람 있고, 보다 순수한 삶을 영위할 수 있게 된다. 종국적으로 하느님 보시기에 좋은 모습으로 하느님께 나아가, 하느님 사랑 받고, 하느님과 함께 할 수 있게 된다.

무아경은 정신 건강뿐만 아니라 신체건강에도 매우 좋다.

논쟁 대상이 될 글들이 많으리라 본다. 이점 너그러우신 아량으로 읽어주시면 감사하겠다.

이 책에 실은 글들은 주로 클리블랜드 아삼숀 성당(베네딕토 수도원 수사 신부 운영)에 나가면서 기도 중 무아경에 들었을 때 떠오른 나의 신앙체험의 기록인데, 대화 형식으로 적었다. 하느님과 예수 그리스도 그리고 성령 또 성모님과 대화한 것이라 여기고, 첫 번째 난에는 나의 말을, 두 번째 난에는 성령·성모님의 말과 예수 그리스도와 하느님의 말씀을 기록하였다. 성령·성모님의 말씀과 하느님의 말씀은 글자 모양을 다르게 하여 구분하였다.

- 성령·성모님의 말씀: 존재의 존재 가운데 / 제일 가까운 존재가
- 하느님의 말씀: 항상 있으니까 / 어디에나 있으니까!

집사람이 치매로 어려움을 겪어갈 때 기도하면서 무아경 중 떠오른 것이 보다 간절했고 좋았다.

나에게 십자가는 십자가이기에 충분한 십자가인가?
정녕 나는 하느님 보시기에 좋은 나인가?
나는 그런 나이고 싶다.

아프리카에서 23년간 희생하면서 나의 뒷바라지 하여 준 나의 충실한 아내 김정자 필로메나에게 감사한다. 원고를 읽어 주시고, 좋은 조언과 간곡한 격려말씀을 하여주신 정양모 신부님, 곽현석 스님, 김상오 목사님, Yung Bok Johnson 목사님, 차영규 교수님, 배일동 명창님, 김지원 시인 여행가, 박찬현 시인 영성가, 김연수 국장님에게 감사한다.

표지 제목은 한국서예협회 용인 지부 지부장이시고 한국서예협회 심사위원이신 담산 이순금 선생이 친절히 써 주신 것이고, 표지 그림은 15권의 책 저자이시며 특히 산문과 그림으로 엮은 '황혼은 어디서 그렇게 아름다운 상처를 얻어 오는가'의 저자인 배문고등학교 국어교사 김보일 선생님의 드로잉이다. 저자초상과 본문 제목 옆에 있는 '길' 그림은 파리에서 활동하는 세계적인 화가 정택영 화백의 작품이다. 이순금 선생님, 김보일 선생님, 정택영 화백, 학자원 김병환 대표에게도 감사의 마음을 전한다.

한상기 씀

말씀의 주인님이신 하느님 아버지,
이 세상의 모든 것의 있음의 주인님이신 하느님 아버지,
생명의 주인님이신 하느님 아버지,
사랑의 주인님이신 하느님 아버지,
용서의 주인님이신 하느님 아버지,
구원의 주인님이신 하느님 아버지,
오늘의 주인님이신 하느님 아버지,
이 몹쓸 놈을 오늘에까지 있게 하여 주시고,
살게 하여 주시고, 불러 주시고, 이끌어 주시고,
붙들어 주시니 감사합니다.

하느님 아버지
아버지께서 약속하신대로
아버지 나라가 오게 하시고
아버지의 뜻을 이루게 하소서.
그리고 저의들을 살게 하여 주시고,
저희들의 영혼을 구하여 주소서.

추천사

자연 속에 가득히 들어앉은 하느님의 섭리와 하느님의 뜻

꽃 한 송이를 봐도 알 수 있는 하느님의 뜻은 자연에서 먼저 찾을 수 있다. 차가운 계절 겨울을 지나서 메마른 가지에 수액이 올라 조그마한 싹이 움돋으며 꽃망울을 틔운다. 상서롭기 그지없는 생명은 한줌 햇살을 받고서 어느 생명보다 아름다운 꽃송이를 피운다. 그 꽃송이는 열매를 맺기 위해 달콤한 향기로 벌과 나비를 불러들여 화분을 옮겨 놓는 수고로움을 나누고서, 그리 길지 않은 시간에 열매의 성장을 위해 꽃잎은 시든 채 뚝뚝 떨어져 나간다.

고통스럽다거나 슬프다는 외침도 없이 꽃이 해야 할 임무를 마치고 그렇게 스러져간다. 때로는 비바람이 몰아쳐 꽃잎이 우수수 떨어져 나가도 아무 말(뜻)이 없다. 처지대로 생명의 마감을 하는 순명의 따름인 것이다.

이렇듯 꽃 한 송이에서 보듯이 그들은 자신의 입지를 표명하지 않는다.

그들은 곧 하느님의 뜻대로 피었다가 지는 것뿐이다.

자연 곳곳에 하느님의 소명과 의지가 가득하다.

창세기를 보면, 하느님께서는 마지막 날 우리 인간을 흙으로 만드시면서 흙으로 돌아가는 법을 주셨는데, 그 법 안에는 인간에게 자율의지를 심어 주셨다.

흙으로 만드신 하느님의 뜻대로 살다가 삶을 마감하면, 육신은 흙으로 돌아가고 영혼은 영원한 생명을 누리는 세계를 선물로 주셨다.

그러나 하느님 뜻대로 살지 않은 인간은 흙으로 돌아가되 영원한 생명을 보장받지 못한다는 것이다.

우리가 그 영원한 생명을 얻기 위해서는 어찌 살아야 할 것인가.

이론은 이렇다. 서두에 쓴 자연의 꽃 한 송이.

그 꽃과 곤충과 식물들은 자신의 생각과 의지(뜻)가 개입되지 않았음이다.

처음부터 하느님의 뜻으로 순수한 결정체가 되어 피고 졌을 뿐이다.

그 자연 속 인간의 영역에 하느님 뜻은 무엇일까, 인간도 자신의 의지(뜻)를 개입시키지 않고 오로지 하느님의 뜻에 맡김으로써 온전한 하느님의 소유가 되고 하느님의 뜻이 이 땅위에서 자신 안에 사시는 것이다.(주님의 기도)

인간의 자율의지에는 숱한 자신의 감정이 존립하는데 그것들은 거의 이기적이거나 자신의 영광, 자신의 안위, 자신의 기쁨을 위해 뜻이 존재하는 것이다.

자신의 뜻을 없이하는 일은 사실 고통 속에 살다간 성인들처럼 살아야 자기 뜻이 없어지고 하느님의 뜻이 존재하는 것이다.

『나는 나이고 싶다』 3·4·5권을 읽으면서 깨달은 것은, 저자께서 하느님의 뜻을 모시고 살아가시듯, 우리 각자 역시 인간의 독립적 자아를 아무것도 아닌 가벼운 무게로 여기며 살아야만, 하느님은 인간 안에서 분명히 자유롭게 사시면서 제3의 영역인 시공간을 넘나들 것이다.

자신의 뜻을 없애고 하느님의 뜻이 사는 일은, 하느님께서 사람의 뜻을 사랑하고 사람도 하느님을 진실하게 사랑하는 것이다.

또, 자신보다 못한 이와 타인에게 자신을 낮춤으로써, 하느님의 피조물들인 '남을 나보다 낫게 여기거나 높이 보는' 시각이야말로 참된 겸손인 것이다.

이 세상을 살아가는 사람들 가운데 어느 누가 자신이 남보다 못하게 여겨진다면 좋은 감정을 가지고 참을 수가 있겠는가.

보편적으로 많은 사람들이 자신의 자존을 굽히지 않고 절대 낮추려 들지 않을 것이며, 남보다 자신이 우월하다고 여기는 삶의 사회이다.

단지, 이 세상을 창조하신 유일한 신이신 하느님을 알게 되어, 그분을 따르기 위해서 말씀대로 이루어져 빛으로 살아가고 있기에, 하느님께서 가르치시는 대로 살고자 하는 순수한 인내력의 소유자들은, 항상 두려운 마음과 공경하는 마음으로 자신의 주장과 이기적인 불필요한 마음들을 감사하는 마음으로 내려놓는 것이다.

우주를 지으시고 억조창생부터 지금까지 유일하게 살아 현존하시는 하느님이시고 전능하신 분이시기에 우리를 지으신 뜻대로 우리는 그렇게 사는 것이다.

『나는 나이고 싶다』는 자신의 뜻을 손쉽게 내려놓을 수 있는 묵상 길잡이가 될 것이다.

누구나 같은 마음이겠지만, 아직 살아 있는 육신으로 거룩하신 하느님의 외아들이신 그리스도와 성인 성녀들의 사랑을 받으며 묵상 가운데 통교하고 싶지 않겠는가.

그분들은 자연 속에 계시며 한 줄기 바람으로 밝은 햇살로, 항시 우리들 곁에 머무시는 것이니, 늘 즐겁고 기꺼운 마음으로 신앙의 길을 갈고 닦노라면 반드시 그분들을 흡족한 마음으로 만날 것이다.

아니 어쩌면 만나고 있을 수도 있다.

저자이신 '한상기' 박사님은 묵상의 문을 열고 신비의 교감을 하고 계시기도 하다.

오랜 시간 동안 성서 구절을 암송하시면서 하느님 앞에서 자신을 낮추시고 말씀의 핵심 속으로 들어가 낮은 수평을 이루었기에 일상의 기도와 생활이 하느님 뜻을 모시는 데 큰 수행의 열쇠였다고 생각해 본다.

수행을 하는 수도자들과 사막의 성인들의 일련의 삶이 모두 대동소이하다.

매일 모시는 성체 안에 당신의 형상을 감추시고, 매일 기적을 만드시며 우리 생활 영역 안에 계시는 하느님이시다.

어제의 자신은 이미 죽고, 오늘의 자신에게 감사하며 내일은 그분 안에서 살아갈 수 있기를 염원하며, 매일 그분의 현존을 성서 안에서, 성체 안에서, 기도 안에서 기쁘게 만나시길 진심으로 기원합니다.

박 찬 현 바울라

서울제일교회 김상오 목사님 서평

존경하고 사랑하는 한상기 박사님의 '나는 나이고 싶다(I Wish I Could Be I)' 책을 받아서 만나보고, 박사님께서 걸어오신 신앙과 생애의 발자취를 회상해 보며, 그 동안 함께하신 하나님의 은혜에 감사를 드리며, 존경하는 마음을 한상기 박사님께 담아 드립니다.

사도바울은 사명을 위하여 자기의 생명을 대가로 지불하며, 나의 나 된 것은, 오직 하나님의 은혜라고 고백하며 사명을 다 했는데, 한상기 박사님의 글들마다 이러한 면면을 만나게 됩니다.

모세는 아무것도 아닌 자라 할지라도, 전능하신 하나님이 들어서시면 권능자가 될 수 있다는 것을 깨달았습니다. 한상기 박사님의 생애가 마치 모세와 같은 생애이신 것만 같습니다. 신앙과 삶의 자취가 녹아, 살아 노래하며 숨쉬는 "나는 나이고 싶다" 기도의 글을 사랑합니다.

행복은 우리 모두의 이상이요, 꿈이라 할 수 있습니다. 행복론의 저자 힐티는 말하기를 "모든 참다운 행복은 우리의 힘 닿는 곳에 있다는 것을 기억하라. 힘이 미치지 않은 먼 곳에 있다고 생각지 마라"고 했습니다. 그러면서 그는 참된 행복은 그리스도 안에 있을 때만이 가질 수 있는 것이라고 했습니다. 사랑하고 존경하는 한상기 박사님 사랑하는 사모님의 건강회복을 위해 기도 드립니다. 믿음으로 승리의 생을 살아오시며, 행복자의 생애를 살아오신 박사님 사랑합니다.

곽현석 스님의 추천사

예술과 문학은 그리고 나라는 존재를 통해 피어나는 세계의 꽃이라 생각합니다. 세계는 이 꽃이 피어남으로써 비로소 의미를 갖게 됩니다. 그중에서도 시인은 마음이라는 대양에서 미지의 생물을 건져 올리는 어부와도 같다고 생각합니다.

한상기 박사님은 아프리카에서의 실천과 봉사로써 이미 자신의 깨달음을 보이셨지만 그 힘의 원천이 더 깊은 영혼의 뿌리에 닿아있음을 글을 받아 읽고 나서야 알 수 있었습니다.

하나님과의 합일을 소망하시는 한 박사님이 나 같은 승려에게 추천사를 왜 부탁하셨을까? 어떻게 써야 할까? 고민도 되었지만, 하나님을 깨닫고 하나님을 통한 삶을 깨닫는 일이 불법佛法을 깨닫고자 하는 우리와 조금도 다르지 않다고 생각이 들었습니다.

이미 한 박사님은 믿음의 성도인 신앙인이자 진리를 탁마하는 구도자이기도 하기 때문입니다. 구도의 여정이나, 하나님과의 합일이나 진정한 자신의 깨어짐과 본래에 대한 깨달음이 없이는 처음과는 다른 그 무엇이 되기 십상입니다.

요즘같이 더 복잡해지고 가까워진 현대에서는 더욱 길을 잃기 쉽습니다. 합의된 조화나, 평화 속에서 바닥없는 진정한 자신의 깨어짐은 일어나지 않습니다. 바닥을 뚫고 솟아나는 “참”도 샘솟지 않습니다.

해와 달이 함께 어우러지고
불과 물이 공존할 수 있는가
해가 뜨면 달이지고
물이 솟는 곳에 불이 꺼지네.
삶이 있으면 죽음이 멀고
죽음이 있는 곳, 삶이 그치는 곳이네.
극단은 항상 서로 시비하며 마찰하며 살아가네.
너와 나도 그러하고
나와 주님도 그러하네
해와 달이 처음부터 함께 있고
용과 호랑이가 함께 노니는 세계가 있다면
나와 주님도 그러할 것이네.
그것을 둘로 쪼개보는 것은 변덕스런 우리마음 아니던가.

한 박사님의 시를 통해 많은 분들이 온전히 자신이 깨어지고 하나님과 하나됨을 명상하고 깨달아가는 기쁨이 충만하기를 기대하고 확신합니다.

무엇을 걱정하십니까. 기도할 수 있는데,

김인자(시인, 여행가)

어떤 끌림이 있었을까. 아니면 누가 그 먼 곳으로 이분을 부르셨을까. 이 책의 저자 한상기 박사님은, 나이지리아 이바단의 국제열대농학연구소에서 23년간 연구를 거듭하는 동안, 내병다수성 카사바 개량종을 만들어 아프리카 가난에 기여한 공으로 이키레읍 추장으로 추대된 바 있다. 자신이 머문 자리에서 묵묵히 혁명을 일으킨 희생과 공적을 범부인 나로서는 일일이 열거할 수 없지만, 그 대표적 예로 지금껏 많은 아이들에게 읽히고 있는 『까만 나라 노란 추장』(웅진출판사) 대한민국 초등학교 6학년 1학기 국어읽기 교과서다.

박사님은 생의 반 이상을 타관에서 보냈고, 그 반을 아프리카 농학연구에 바친 시간은 절대 외로움과 싸워야 했던 수도생활과 다를 바 없었다고 술회하였는데 그만큼 신앙에 몰입할 수밖에 없는 고독한 삶이었음을 반증하는 것이리라.

이 책은 약 44년간 기도의 응답을 적은 170권의 노트를 축약했으며, 박사님의 글을 읽는 동안 내가 맞닥뜨린 감정은 아이처럼 참으로 순수한 성정性情을 가졌다는 것이다. 문체에 화려한 수식어나 미사여구가 없는데 감동을 주는 이유도 그 순수한 성정과 무관하지는 않을 것이다.

책 머리말에도 '이것은 나에게서 나온 것이 아니라 위에서 내린 것'이라 했듯, 문장을 억지로 짜서 엮은 것이 아니라 새벽기도 중 무아경 상태에서 그분이 주신 말씀을 받아 적었다는 것에 의심의 여지가 없다.

무아경無我境의 사전적 의미는 '정신이 한곳에 쏠려 자신을 잊는 경지'라 정의하고 있지만, 크게 보면 영혼의 씨앗이 발아한 태초의 자리로 돌아가는 것, 타의에 휘둘리지 않고 자의적 간구로 이루어지며 신과 일대 일의 관계에서 천착은 물론 집중적이고 지속적인 몰입이 요구된다. 어쩌면 신앙심에서의 무아경이란, '오직 당신의 뜻대로' 라는 명제 앞에 몸을 낮추고 엎드리는 일이며 의심을 가지되 의심을 버리고 믿고 맡기는 것일 터다.

사람으로 세상에 와서 한 점 부끄럼 없는 삶을 살다 갈 수 있을까. 본인의 의지와 상관없이 벼랑 위를 홀로 걸을 때 우리는 무의식중에 손을 잡아 줄 그분(神)을 찾는다. 그리고 실낱같은 기도를 통해서 마음의 키가 자라는 걸 경험한다.

나는 '한 가지를 오래 생각하는 것이 기도'라는 나름의 정의를 갖고 있다. 그러므로 기도란, 나 개인의 유익만을 위해서가 아니라 타인을 위해 함께 걸어주는 것, 보상 없이 상대를 기쁘게 하는 것, 낮은 곳에 숨어 선행을 이루는 것, 두 팔로 가난한 이웃을 안아주는 것, 밥을 나누고 사랑을 나누는 것, 용서를 구하여 끝내는 그분을 기쁘게는 하는 일이 아닐까 싶다.

이 책 본문 '약유어천주'의 한 대목 속에는 박사님이 전하고자 하는 모든 것이 함축되어있다. 이 메시지는 쉽고 간결하지만 울림이 크다.

간다고 하는 것은
가는 것이 아니다!
온다고 하는 것은
오는 것이 아니다!

내 안에
머물면
가고 오는 것이
없다!

내가 자주 오가는 골목 끝에는 유독 작은 십자가 하나가 눈에 들어온다. 보다 구체적으로 말하자면 십자가보다는 낡은 천막교회입구에 걸려있는 현수막의 글귀다. "무엇을 걱정하십니까. 기도할 수 있는데," 실행하지 않는 기도가 무슨 의미가 있을까만, 종교를 갖지 않는 사람일지라도 살면서 크고 작은 시련이 닥칠 때 이 말씀과 마주하면 위안을 받을 듯싶다. 아니 어쩌면 내 자신이 기도가 필요한 때가 되어서야 그 글귀가 눈에 들어온 것인지 모르지만, 곱씹을수록 위안이 되는 전언이다.

물아일체物我一體, 타인은 속일 수 있어도 자신을 속일 수 없듯, 자신은 속일 수 있을지 몰라도 내 안의 신은 속일 수 없다. 조용히 무릎을 꿇어 기도하다 보면 누구라도 영혼의 피안을 만나게 될 것이다.

박사님께서 이 책을 세상에 선보이는 이유 또한 '밤마다 초에 불을 붙이고 그 초를 다른 초에 옮기는 마음'과 같지 않을까 싶다. 절실한 간구도 필요하겠으나 진실한 간구가 아니면 응답하지 않는다는 것, 박사님의 신앙 간증집(고백록)을 읽으며 든 생각이다.

가나 아칸 족 격언에 "한 그루의 나무로는 숲을 이룰 수 없다."고 했다. 『나는 나이고 싶다』 이 책이 세상에 나오는 순간, 보다 많은 독자들을 만나 그분의 말씀과 기도가 한 그루 나무에 그치지 않고 무성한 숲이 되는 놀라운 축복을 기대해 본다.

무술년 새해 대관령 산방에서 쓰다.

미국 미네소타에서 사시는 Yung Bok Johnson 목사님의 서평

Rev. Yung Bok Johnson's Comments

Pardon me, please, the finger is getting stiffer by now. Life's lesson/Way From 'I Wish I Could Be I' By Dr. Sang Ki Hahn. Your Being, breathing, conversation/meditation with Heavenly Father, acting with absolute ADORATION, trust, submission to our FATHER without any reservations, "WALK WITH FAITH NOT BY SIGHT" Scattering SEEDS OF LOVE(GOD IS LOVE), shed HIS LIGHT on your path, wherever your journey led, it defines what Life-living should be like while our spirit is in our physical body, glorify during we are on this beautiful planet.

I AM IN DIVINE,
DIVINE IS IN ME,
I AM DIVINE.

죄송합니다. 현재 나의 손가락이 굳어가네요.(목사님께서 건강상태가 매우 좋지 않아)

박사님의 '나는 나이고 싶다'는 삶에 대한 교훈입니다.

박사님께서 아무 조건 없이 주님을 믿으시며, 주님께 자신을 완전히 내 맡기시고, 찬양하시면서 숨 쉬며 대화하시고, 명상하시어 눈으로가 아니라 믿음으로 걸어가시게 되셨으니 그에 대하여 전적으로 칭송합니다.

박사님께서 걸어오신 길에, 주님 사랑의 씨앗을 뿌리시고 빛을 밝히셔서, 어디를 가시나 생명과 삶에 불을 밝히시고, 우리의 영이 우리의 육체에 머무는 동안 우리가 어찌 살아가야 하는지를 잘 알리십니다. 그리고 우리가 이 아름다운 우주에 머무는 동안 주님께 영광 드리게 하십니다.

'나는 주님 안에 있고
주님께서 내 안에 계시니
나는 성스럽다'
고 멋지게 읊으셨네요.

차례

기도

너 자신을 알라

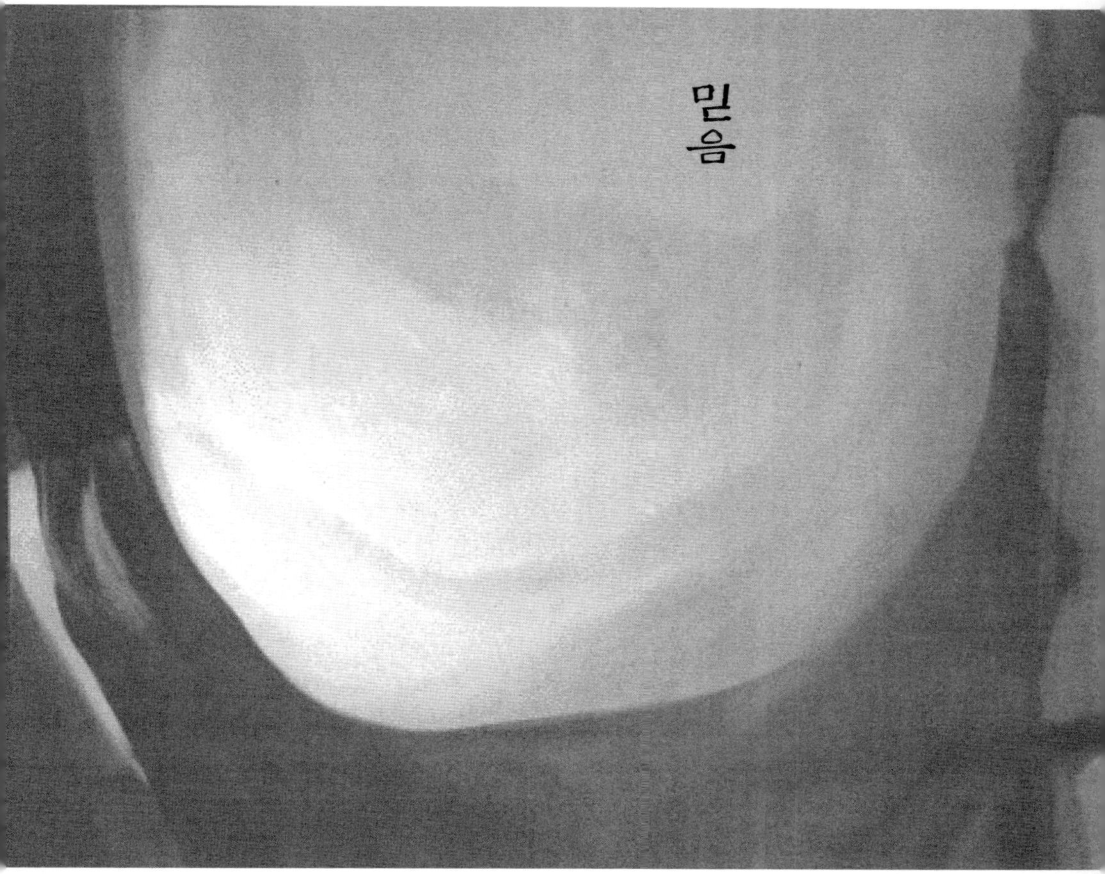
믿음

믿음과 희망

맞는 말씀이어요!
또 말씀 드려요
맞는 말씀이어요!

성경 구절을
암송하고 또 암송하나
잘 모르지만
맞는 말씀이라는 것은
알아요!

그 때문에
저에게
믿음이 붙어 있는 거요!

그것도 모른다면
믿음이 붙어 있지
않지요!

그것을 알고 있는 한
믿음이 붙어 있는 거요!

믿음 없으면
희망 없잖아요?
희망이라고 하는 것은
믿기 때문에
있는 것 아니겠어요?

나 그러한 희망 없이
어떻게 믿겠어요!
믿음과 희망은
그런 관계에 있어요!

믿음도 주님이 주시고
희망도 주님이 주시니까요!

믿음과 희망
이것이 골자요!

거기에 모든 것이 들어있다

이거를
읽어봐요!

거기에는
모든 것이
다 들어 있습니다!

이길 것 같아!

내 자신을 이기고
이 세상을 이길 것 같아!

이것만 있으면
이기고말고!

기적과 같은 일이
일어나는 거야!

그것만 있으면
다 돼!

바탕부터 잘 정비해야

그러니까
거기 있는
모든 것이
이상하지 않아?

거기 있다는
그 자체부터가
이상한 것이야!

그러니까
바탕부터
비틀어진 것이지!

바탕이
비틀어졌는데
그 위에다
아무리 무엇을 해 본들
소용이 있나?

소용없지!
소용없고말고!

그러니까
먼저 바탕부터
잘 정비하여야 해!

바탕이 무엇이겠어?
믿음이여!

굳건한 믿음이
굳건한 바탕이여!

알겠지?
무슨 말인지 알겠지?

네!
잘 알겠습니다!

감사합니다!
감사합니다!
감사합니다!

믿음에는 조건이 없어

하나를
더 사라고
하여야겠네!

조건이
붙어 있는데요!

무슨 조건일까?
말도 안 되는 것이지!
무슨 조건이야?

믿음에는
조건이 없어!

하느님 뜻에
조건이 있는가?
없어!
그런 조건 없어!

그런데
우리 믿음에

무슨 조건이 있겠어!

아니지!
아니지!
아니고말고!

믿음은 팔고 사는 것도 아니다!
구실도 없다.
그러니 무슨 조건이 필요해!
'하나를 더 사라고 하여야 겠네'라고 한 것은
의지와 신심을 격려하기 위한 것이다.

믿어 보세요

어떻게 하여야 할런지
모르겠네!

지가
여기 있지 않아요?
지가 여기 있어요!
아니 뭐가 걱정이세요!

저만
믿어보세요!

말씀만 하시면
직각 하겠습니다!
말씀만 하세요!

그래?
너를 믿어보마!

어디를 가시던지
지가 거기 있을 것입니다!

한번
꼭 믿어보세요!

어디를 가셔도
지가
따라 갈 것이니께유!

지가유
이래봐도
괜찮아유!
믿어 보세유!

　　알겠다!
　　알겠다!
　　알겠다!

그러시면
될거유!

의심 없이 믿어

명확해!
모든 게 명확해!
하나님께서 주신
약속
명확해!

그 약속을
이루시겠다는
다짐
명확해!

아무 의심의 여지가
없어!
명확해!

그러니
의심 갖지 말아야 해!

의심 없이
믿어!
이게 신앙이야!

이것을
바라시는 거야!

의심 가지면
만사 허탕이야!

다
망쳐버려!

그러니
의심 갖지 말고
확실히 틀림없이
믿어!

그러면
축복 받아!

성모님께서
의심 없이
말씀 믿어
축복 받으신 것처럼

알겠어?

알고말고요?
그리 하겠습니다!
감사합니다!

그대로 믿는거야

그대로 보고,
그대로 듣고,
그대로 느끼고,
그대로 믿는 거야!

그러면
아무것도
거리낄 것 없어!

하느님은
그대로니까!

그대로
사는 거야!

그러면
그대로
하느님을
뵐 수 있어!

그대로면 돼요

화려하지 않지요?

아니오!
화려할 필요 없어요!

그저
그대로면 돼요!
진실한 것은
다 그대로니까요!

자!
고개를 들어보라고요!

의심한 것은
믿을 수 없어서 있어요!

그게 뭔지
알 수 있나요!

그 믿음이

언제나
나를 기다려요!

내가
맞으러 가리다

내가 줄 것은
아무것도 없지만

당신이
나에게서
바라는 것이
많은 것을 아오!

그 믿음이
그것을
이루어 줄 거요!

그 믿음만 있으면 돼요!

그래서

바라는 것이 있으면
무엇이던지
받았다고 하는 거요!

우리는 없소!
아무것도 없소!

그러나
당신은
받을 거요!

믿음만 있으면
받을 거요!

믿음이
나한테서 오는 것을
나는 아오!

제발
그 마음
잊지 마오!

그 믿음
꼭 가지시오!

주님께서 우리에게 주시고자 하시는 것은 세속적인 것이 아니라 영적인 것이다.
그래서 주님께서 우리에게 줄 것은 아무것도 없다고 하신다.
곧 우리에게 줄 세속적인 것은 아무것도 없다 하신다.

믿음과 은총

믿음과 은총은
정비례한다.
믿음이 깊어지면
은총도 깊어지고
믿음이 넓어지면
은총도 넓어지고
믿음이 커지면
은총도 커진다.
믿음이 강 건너가면
은총도 강 건너가고
믿음이 산 올라가면
은총도 산 올라간다.

Faith and Grace

Grace is
In direct proportion to faith

When faith deepens

Grace also deepens
When faith broadens
Grace also broadens
When faith grows
Grace also grows

When faith crosses the rivers
Grace also crosses the rivers
When faith climbs the mountains
Grace also climbs the mountains

진리는 오직 하나 믿음이다

주님!

저 왔어요!
지가 왔다고요!

모두 다
털어 버리고
왔어요!

하늘의
이치를
내려 주세요!

당신의
진리를
주세요!

아무것도
없다!

아무것도
없다니까!

진리는
오직 하나다!
믿음이다!

믿음으로
강을 건널 수 있다!

걸어오너라!

내가
놓아 준
다리가
안 보이느냐?

그것을
딛고
걸어오너라!

네!
주님!

하느님께서 구해 주실 거야

네가
시궁창에
빠져 있다고!

아냐!
네가
그럴 이가 없어!

네가
왜
시궁창에
빠져 있다는 거야!

그럴 수 없어!
도저히
그럴 수 없어!

하느님께서
너를
그렇게 버려두신다고!

천만에!

하느님께서
꼭
구해 주실 거야!

물론이야!
물론이고말고!
틀림없어!

하느님만 믿어!
하느님만 믿어!
하느님만 믿어!

알겠어?

네 소망이 무엇이냐?

소망이
무엇이냐?

네 소망이
무엇이냐고?

네
주님!
주님 뵙고
주님과 함께 하는 것입니다!

그러면
됐다!

주님과 함께
영원히 사는 것입니다!

주님 부활하셨도다

우리는
이제
노래를 부릅니다!

네?
뭐라고요?

주님 찬양의 노래를
부릅니다!

다들 함께
부릅시다!

목청 높여
부릅시다!

주님 찬양의 노래를
부릅시다!
다 함께
부릅시다!

기뻐하여라!
주님 부활하셨도다!

주님의 부활!
우리의 부활!

다 함께
부활의 대열에
나갑시다!

주님 찬양 노래 부르며
부활의 찬양 대열에
나갑시다!

가자!
가자!
모두들 가자!

부활하신
주님 맞으러
가자!

아!
기쁘도다!

아!
기쁘도다!
기쁘도다!

주님 부활하셨도다!

우리도 부활할 수 있도다!

알렐루야!
알렐루야!
알렐루야!

삶과 죽음은 하느님 안에서 하나

예수님!
예수님!
예수님!
예수님!

살아계시는
하느님의 아드님
주 예수 그리스도!

　　여기에
　　모든 대답이
　　다 들어 있습니다!

예수님!
예수님!
예수님!
예수님!

살아계시는
하느님의 아드님

주 예수 그리도!

사랑에서
사랑으로 오신 주님!

우리를 구하여
살리시려고 오신 주님!

주님!
주님
주님!
주님!
우리 주님!

짜개지고
꺾기지 않는
나무

　　아니다!
　　이 두 국면을
　　들여다 볼 때

무슨 국면이십니까?

　　삶과 죽음
　　이 두 국면 말이다!

나에게는
둘이 아니라
하나다!

하느님 품 안에서
하나다!

이것을
아는 것이
첫째다!

삶과 죽음은
하느님 안에서
하나다!

너는 나를 누구라고 생각하느냐

그것을
어떻게 표현하느냐가
문제야!

살아계시는
하느님의 아드님!

너는 나를 누구라고 생각하느냐?에 대한
답이지!

예수 그리스도가
살아 계시는 하느님의 아드님이사라는
것이지!

너는 나를 누구라고 생각하느냐?
이 무르심은
평생 따라다니는 물으심이야!

그래도
그 진답眞答을
잘 못 올려!

그 뜻을
진정한 뜻을
알아
잘 표현해야 해!

이것이
신앙의 기초니까!

이 기초 위에
신앙을 세우는 거야!

이 기초가 약하면
신앙은 쓰러지지!

이 기초가
튼튼하면
모든 게 다 열려!

그러면
주님의 말씀이
올바로 똑바로
들려!

주님의 이르심이
똑똑히 들려!

그러면
주님의 뜻을

이룰 수 있어!

그러니
그 기초를
튼튼히 다져!

달게 받겠습니다

지가
받아야지!

　　그것을
　　누가 받아!

네
달게
받겠습니다!

하느님께서
주시는 것이라면
받아야지요!

네!
받겠습니다!
꼭 받겠습니다!

하느님!
저를

벌 하시려는 것입니까?

아니다!
그게 아니다!

품삯이다!

아닙니다!
무슨 품삯입니까?

대가(代價)는
받아야지!

주님께서 주시겠다는 그 대가가 무엇일까?
주님 은총 받아 눈을 떠서 볼 수 있게 되어
주님 말씀 알아듣고 주님 알아 뵙고
주님의 충복 되어 주님과 함께 하는 것이리라.

진선미眞善美를 얻으면

살아계시는
하느님의 아드님이시라
고백함으로써
최상의 미(美)를 갖게 됩니다!
물론 최상의 진선미를 갖게 되지요!

왜냐하면
그게 전부니까요!

전부에서
전부를 받는 것이지요!

무엇을 하던지
어느 때던지
어느 곳에서든지
갖게 되는 것입니다!

그러니
이보다 더 큰 축복
있겠습니까?

없지요!
물론 없습니다!

나쁜 생각이 일어나도
이것이 모두
내쫓아 버립니다!

이것이라니요?

바로 진선미입니다!

진선미를 가지면
모두를 갖기 때문입니다!
전부를 갖기 때문입니다!

그래서
가장 큰 축복이라 하는 것입니다!

진선미가 뭔지 아세요?
바로 성령이십니다!

진선미를 받으면
바로 성령을 받는 것입니다!

그러니
이보다 더 큰
축복이 어디 있겠습니까?

알고 보니
그러네요!

감사합니다!
감사합니다!
감사합니다!

무엇이 법이야?

법이
어디 있어!

하느님을 믿어
따라 행하는 것이
법이야!

이보다
더 큰 법은 없어!

이 법을 따르면
만복이 거기서
샘솟아!

그러면
무엇을 바래!
무엇이 겁나!
무엇이 아쉬워!

아무것도
없어!

길 있어야 할 사람

누가 여기 있어?

하이넨!

있어야 할 사람이
있어야 마땅하지
않습니까?

그렇다
그렇고말고!

그 있어야 할 사람이
누군고?

하느님께서 마련하신
분이 아니시겠습니까?

옳다!

내
그를 보내주마!

그렇게 하여
이 세상에
그 있어야 할 분이
있게 되신 것입니다!

참으로 오묘한 이치지!
어떻게 하여
그런 분이
이 세상에 있게 되셨을까?

거기에는
하느님의 뜻이 있으셨지!

그 뜻을
이루시려고!

그 뜻이
무엇일까?

인류 평화와 사랑!

걸어봐!

거기를 향해
걸어봐!

'하이넨'이 무엇인가?
독일 페북친구 Gesa Choe님이 알려 주신 것에 의하면
1880년경에 '하이넨'이란 독일 신부님이 계셨단다.

내가 없는데

무어라고
말할 수 없어!

무어라
표현할 수도 없어!

그저
평안해!

하느님께
내 마음이
향하고 있어
평안해!

나는
없어!

생각만이
떠오를 뿐이야!

이것은
분명 내가 생각하는 것이지만
나한테서
나오는 것은 아냐!

내가 없는데
그게 어떻게
내 생각이야!

저 위로부터
내려 주시는
생각이야!

내가 존재하지 않는다.
그래도 생각은 떠오른다.
하느님과 함께하고 있어서다.
그리고 내 생각이 아니라 하느님의 생각이기 때문이다.

그 일념一念만 있으면

혼자서
있고 싶어!

오직
나 혼자만이
있고 싶어!

당신만
뵙겠다는
그 일념만 있으면 돼!

그래!
그래!
그것뿐이야!
그것밖에는
없어!
아무것도 없어!

구렁에서 나오너라

이제
됐어!
됐다고!

무엇이
답답해?
답답할 것
아무것도
없어!

나는
그 말
믿어!

그 말
믿거든!

가슴이
울렁거리지만

내가
그 말을 믿으니까
안심하는 거야!

편히
마음을 먹어!
응?
속상해도
어떻게 해!

하느님께서
하시는 일인데!
어찌 해?

나와!
나와!
그 구렁에서
나와!

하느님은
커지시고
나는
작아지는 거야!
그 길밖에는
없어!

나는 거기에 가고파

내가
거기에
가고파
가고파

나는
거기에
가고파
가고파

누가
뭐라 해도
나는 갈 거야
갈 거야

반드시
갈 거야
거기에 갈 거야
반드시 갈 거야

그러면
됐어
그러면
됐어

갈 수 있으면
됐어
갈 수 있으면
됐어

뵈울 수 있으면
됐어
뵈울 수 있으면
됐어

꼭 갈 거야
꼭 갈 거야
꼭 뵈울 거야
꼭 뵈울 거야

내 누이가 누구요

내 누이가
누구요?

　　짐작은
　　가는가보지요!

하고말고요!

　　나의 누이요?

　　하느님 사랑
　　가득히 받은
　　사람이요!

　　이게
　　내 누이요!

　　혈육만의 누이가 아니라
　　하느님 사랑 받고 있는
　　모든 여인들이
　　누이요!

다른 이들도
이것을 알고 있는 가요?

알고 있지만
믿지를 않지요!

믿음에 바탕한
그런 사람이래야
그 뜻을 알아들어요!

믿음이 없으면
뿌리 없으니까요!

그러니까
믿음 없으면
사물을 제대로
볼 수 없어요!

그러니
믿음이 바탕이요!

내 자신이 아니라 하느님을

이런 것
아니겠어요?

내 자신을 위한 게 아니라
하느님을 위한 것
이것이 아니겠어요?

그러다 보면
다 합류(合流)해서
흘러가게 되지 않겠어요?

그러다 보면
결국
모두 하나에서
만나게 되지 않겠어요?

그러면
그 하나를
살게 하지 않겠어요?

그 하나를
살게 하는 것이
바로 나를
살게 하는 것 아니겠어요?

내가 원하는 것

내가
원하는 것이
뭐야?

구원
성화
일체
하느님 뵙는 거야!

이게
내가
원하는 거야!

임자를
구하고
이웃을
구하는 거야!

그래
바로 이거야!

이 많은 것을
이룰 수 있을까?

이 어려운 것을
이룰 수 있을까?

그래!
그래서
하느님께
매달리는 겨야!

하느님께서는
하실 수 있다고
믿으니까!

그 안에 무엇이 들어 있어

아니
그 안에
들어 있어!

무엇이
들어 있다는 것입니까?

하느님 말씀이
들어 있어!

말씀이
빛이라고 하지 않아?

맞는 말이여!

빛이 뭐여?

주님 아니여?

그러니
옳은 말이지!

안 그래?

빛이 없으면
우리는 죽는 거야!

빛이 있기 때문에
우리는 살아 있고
숨 쉬고 있는 것
아닌가베!

맞아!
맞았어!

말씀, 빛, 생명
이렇게 이어지는 거여!

그러니
이것을 똑바로 알아야지!
안그래?

모든 것의 바탕이 되는 말씀

말씀을
한번
들어보세요!

살아 계시는
하느님의 아드님
주 예수 그리스도이십니다!

이보다 더 좋은 말
들어 보셨어요?

아니지요!
아니지요!
못 들어 봤습니다!

이 말씀이
모든 것의 바탕입니다!

여기에
모든 것이
바탕을 두고 있습니다.

'너희는 나를 누구라고 생각하느냐?'
(마태 16,15;마르 8,29;루가 9,20)

이 예수 그리스도의 물으심에 대한 베드로의 대답은
'선생님은 살아계신 하느님의 아들 그리스도이십니다'
(마태16,16;마르8,29;루가9,20)라 대답하였다.
이 대답이 베드로를 예수 그리스도의 수제자가 되게 하였고
그리스도교의 초석이 되게 하였다.

그러니 이보다 더 좋은 말씀이 있을 수 없다.
그 말씀을 들어 보았을 리 없다.

예!
맞지요?

여기는?

무엇이
맞는다는 말씀이십니까?

살아계시는
하느님의 아드님 주 예수그리스도란
말씀입니다!

맞고말고요?

우리의 믿음이
여기에 달렸는데!

안 그래요?

이것을
온전히 믿으면

잘 믿는 것이고

그렇지 못하면
잘 믿지 않음입니다!

그게
이만해요!

믿음이
그만하다는 말입니다!

　　이것을 모르고서
　　믿는다고 하는 것은
　　그건 헛거야!
　　껍데기야!

　　그러니
　　이것을
　　정확히
　　알아야 해!

　　그리고
　　그것을
　　꼭 믿어야 해!

　　이것을 모르고
　　믿지 않는
　　그런 믿음은

사상누각이야!

언제
쓰러질지
모르는 믿음이야!

예수 부활하셨다

「예수 부활하셨다.」

어떻게 아느냐?

내
예수 그리스도의 옆구리에
손을 넣어 보았습니다.

하나밖에 없는 그분

그것 봐!
내가
말했잖아!

하나밖에
없다고!

어째서
하나밖에
없다는 것이요?

너는
누구의 것인가?

너는
그분의 것
아닌가?

그러니까
하나밖에
없지!

그분이
누군질
알아?
아느냐고?

하나밖에 없는
그분이
누군질
아느냐고?

알 수 없거든요!
어떻게
알 수가 있어요?

한번
믿어 봐!

그러면
알아!
알게 돼!

그분의
모습도
볼 수 있어!

반드시!
반드시!
반드시!

누군가에 소유(所有)된 몸이니
그는 그 소유자 한분의 것이다.
오직 하나의 해 때문에 살고 있는 우리 만인에게는
하나의 해밖에 없듯이
우리를 살게 하여 주시는 그분은 한분밖에 없다.
만유(萬有)의 소유자이신 그분 한분밖에 없다.
그래서 나는 그분 한분의 것이다.
이것을 아는 길은 믿음을 통한 앎밖에 없다.

모른다고?

모른다고?

네!
저는 아무것도 모르는데
어찌 해야겠습니까?

아무것도 모른다고?
무엇을
모른다는 거야?

천만에!
그럴 리 없어!

성경 구절을
암송해봐!

50개 성결구절을
암송하다

그 봐!
이것을 알잖아!

하느님께 나아감

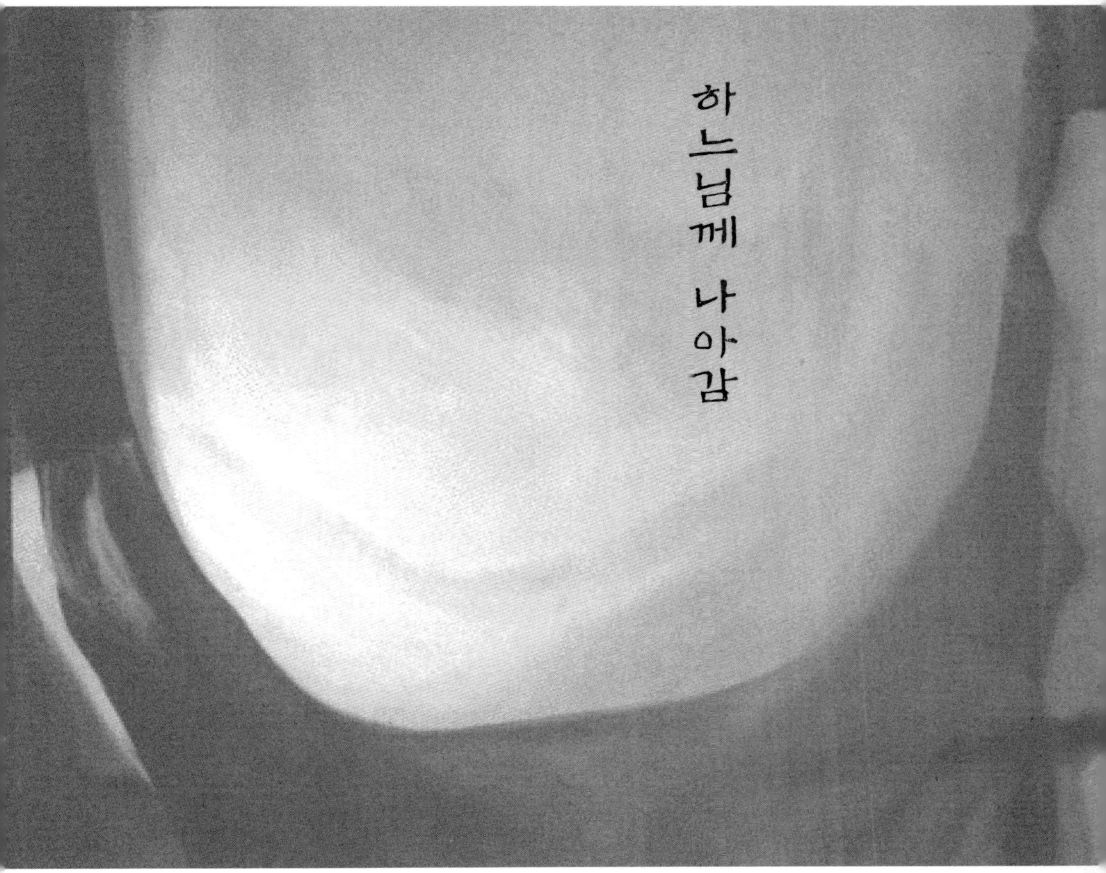

어떻게 하느님께 갈수가?

무슨 이유로
네가
나를 보자고 한 거냐?

네!
그것은요!

어떻게 하면
하느님께
가까워질 수 있고
하느님과
함께 할 수 있습니까?

네가
그것을 알겠다고?
갸륵하구나!

네가
어떻게 해서
이 세상에

왔더냐?

은총으로서가
아니냐?
하느님 은총으로서가
아니냐?

그러니
그 은총을
하느님께 빌어서
받아야지!

하느님의
은총이 아니고서는
아무것도
할 수 없어!

하느님 은총
받으려면
하느님 말씀
잘 받드는 거야!

바로
이거야!

이걸로
하느님께
나아가 봐!

네가
이 세상에
왔을 때
아무것도
가지고 오지 않았으니

하느님께
나아가려면
아무것도
가지고 가서는
안 돼!

다 버리고
가야 해!

그래야
하느님께서
너를
맞아주셔!

알겠어?

네!
네!
네!

하느님 안으로 들어가면

하느님 안으로
쑥 들어가는 가요!

좋아 죽겠네!

그렇지요!

하느님 안으로 쑥 들어가면
좋기가 이만저만 아닙니다!

이게
신앙이 가져다주는
기쁨입니다!

그리고
그것이 생명입니다!

그러니까
기쁨과 생명을
동시에
누리는 것입니다!

그러니
이보다 더 좋은 일이
어디 있겠습니까?

없지요!
없고말고요!

이것을 체험치 못하는 사람들은
이 기쁨 이 생명
누릴 수 없습니다!

그러니
하느님 품 안에
쏙 빠져 보세요!

그 기쁨 그 생명
기다리고 있습니다!

당신을 기다리고 있습니다!

여기에
모든 것이
다 들어 있어요!

모든 것이
다 들어 있다고요!

모든 것을 가졌는데

무엇이 더 필요하고
바라겠어요?

그것으로
충분하고
그것으로
만족하고
그것으로
다 하는 거요!

거기서 빵빵이야

　　그리로
　　가 봐!

그리로라니요?
그리가
어딥니까?

　　그리가
　　어디겠는가?

　　그리가
　　거기지!

　　바로
　　하느님 계신 곳이야!

네!
알겠습니다!

　　그러면
　　가 봐!

잘 가 봐!

다른 것은
다 잊어버려!

오직
일념
그것 하나만 가지고
가 봐!

왜
이리도
착한지
모르겠어!

하느님과
함께 하는 사람은
착하지 않을 수가
없어!

그 착함은
인간 세계에서의
착함이 아니라
하느님 세계에서의
착함이야!

하느님 품 안에 들면
Thousands of thousand

엄청 많은 것들이
함께 하지!

It could be so!

거기서
엄마 아빠는
빵빵이야!

그 길이 그 길입니까?

그 길이
그 길입니까?

그 길밖에는
없습니까?

왜 그 길밖에
없습니까?

말씀해 주세요!

하나밖에
없습니까?

정말
하나밖에
없습니까?

유일(唯一)한 그 길?
왜?
정말로?

의심?
불확실?

그러면서,
이렇게 캐물어가면서,
스스로 답을 구하며 가는 것이
신앙의 여정이다.

나를 찾아 안겨라

이번에
안겨줄래?

안겨준다니요?
그게 무슨 말씀이십니까?

너희들이 찾고 있는
대상으로 말이다!

너희들이
찾고 있는 것
여럿이다!

물질적인 것
사회적인 것
그런 것 말이다!

그런 것만 찾지 말고
나를 찾아라!

그래야

너희들 인생에
의미가 있다!

알겠느냐?

네!
잘 알겠습니다!

감사합니다!

물질적인 것, 사회적인 것 그런 것만 찾아 안기지 말고
주님을 찾아 주님 품 안에 안겨라!

나한테 와!

자네가
몇 번이나
이리 했는가?

무수히
많이
했습니다!

그래!

다
쏟아 내어!
다
쏟아 버리라니까!

다
쏟아 버렸습니다!

그러면
나한테 와!

빌며 빌며

아냐!
우리는
이것으로
충분해!

무엇이
더
필요해?

필요한 것
없어!

그저
감사할 뿐이야!
그저
감사할 뿐이야!

예수님
따라 가는 거야!

바로
그것뿐이야!
더 이상은
없어!

그저
빌며
빌며!

이거야!
이거야!
바로
이거야!

길

어디로 가는 거냐?

　　네가
　　간다고?

네!

　　어디로
　　간다는 게냐?

하느님 아버지와
함께 하는 곳에
갑니다!

　　하느님 아버지께서
　　너를
　　오라고
　　부르셨더냐?

네!

　　하느님과 함께 하는 곳

그게
어디냐?

잘 모릅니다!

갔다 와야
알 수 있을 것입니다!

그래도
거기를 가야겠느냐?

네!
꼭
가야겠습니다!

어떠한 일이
있기로서니
가야겠습니다!

어디로 가는 거요?

여보시오!
어디로 가는 거요?

아니
어디로 간다니
도대체
무슨 소리 하는 거요?

거기로
가는 것이지!
그것을
몰라서 하는 소리요?

갈 곳은
정해져 있지!

한 곳뿐이요!
그것도 모르오?

그럴 수 없지!

어찌 그럴 수가!

절대
안 되지!

하느님께
나아가
하느님 뵙는 거지!
그것도
모른다는 거요?

거기서 얼마 안 돼

지가
여기까지
찾아 왔으니까
올 수 있을 거야!

        물론이지?

네!
물론입니다!
물론이고말고요!

말씀하여주세요!
자세히
말씀하여주세요!

네!
알겠어요!

그렇게요?
그렇게 갈게요!

올라갔으니까
한 발짝 한 발짝
내려 와야 해!

그러면
거기서
얼마 안 돼!

곧
뵙게 될 거야!

똑바로 바라봐!
똑바로 보라고!

보이지?

네!
보여요!

불덩이가
보여요!

뱅뱅 도는
불덩이가
보여요!

그러면
다 왔어!

어려운 일 해냈다

네가
애썼다!

네
그래요!

참으로
어려운 일이요!

네
말하지 않아도
그게 얼마나 어려운지
안다!

누구에게나
도움이 되는 일이다!

잘 했다!
잘 했어!
잘 했다고!

한 발짝
나아가면
한 발짝 가까워지고

두 발짝
나아가면
두 발짝
가까워진다!

언젠가는
뵙게 되겠지!
반드시
뵙게 되겠지!

꼭
이끌어 주실 거야!

오직 하느님을

주님!
어찌 해야겠습니까?

네가
하고 싶은 대로
하라!

네가
가는 길이면
언제나
어디서나
주님이 계시니

무엇이
걱정이냐!

아무것도
걱정할 것 없다.

다
쏟아 버리고

오직
하느님을 향해
가는 거야!

하느님!
하느님!

오직
하느님을 향해
가는 거야!

준비되어 있어

실은
언제
거기 갈 거야?

나는
언제든지
준비되어 있어!

오라고
하시는 대로
가야지!

언제
거기
갈거냐니까?

오라고
하시는 대로
간다니까!

내 것은
내 것이 아니고
하느님의 것이니까!

내 생명
내 생명이 아니고
하느님의 생명이니까!

하라고
하시는 대로
해야지!

힘드는 것도
아니야!
고통스러운 것도
아니야!

하느님이
하시라는 대로
하면 돼!

하느님께
모든 것을
내 맡기면 돼!

이 글을 적고 우연하게 '다석 류영모 선생의 사상'
(2005년 11월 진리의 벗이 되어)을 읽어나가다가
선생의 다음의 시 '믿음에 들어간 이의 노래(오도송悟道頌)'를 접하였다.

믿음에 들어간 이의 노래

나는 실음 없고나.
인제부터 실음 없다.
님이 나를 차지하사
님이 나를 맡으셨네.
님이 나를 가지셨네.

몸도 낯도 다 버리네.
내거라곤 다 버렸다.
'죽기 전에 뭘할까?'도
'남의 말은 어쩔까?'도
다 없어진 셈이다.…
님 뵈옵잔 낯이오.
말씀 읽을 몸이다.
사랑하실 낯이오.
뜻을 받들 몸이라.
아멘. (성서조선 일지1,660-661)

이 시에 나오는 몇 가지를 요약한다.
실음 없다.
님이 나를 차지한다.
님이 나를 맡으셨다.
님이 나를 가지셨다.
몸도 낯도 다 버렸다.
뭘할까 다 없어진다.
님 뵙잔 낯.
말씀 읽을 몸.
사랑하실 뜻.
뜻 받들 몸.

앞서 적은 나의 글에서 몇 가지를 요약한다.

언제든 준비 되었다.	오라고 하시면 갈 준비도어 있다.
내 것은 내 것이 아니고	하느님의 것.
내 생명 내 생명이 아니고	하느님의 생명.
하라고 하시는 대로	해야지.
하느님께 모든 것	내맡긴다.

하느님 도리道理

이게 맞는가?

이게
하늘의 도리인가?

하느님 뜻을
따르는 것이
하늘의 도리 아닙니까?

맞다!
그래!
맞다!

이게
하느님 길을 따르는
이치이다!

하느님께서
우리에게
바라시는 것이
바로 이것이다!

하느님 길로 나아가
하느님 이치를
따라야지!

맞지 않습니까?

맞다!
맞고말고!

이것이
하느님께서
우리에게
바라시는 것이고
이끌어 주시는 것이다!

그러니
이 길을 가라!
하느님 길을 가라!

그렇게 하여
하느님께서
바라시는 것을
이루어라!

네!
네!
네!

기도

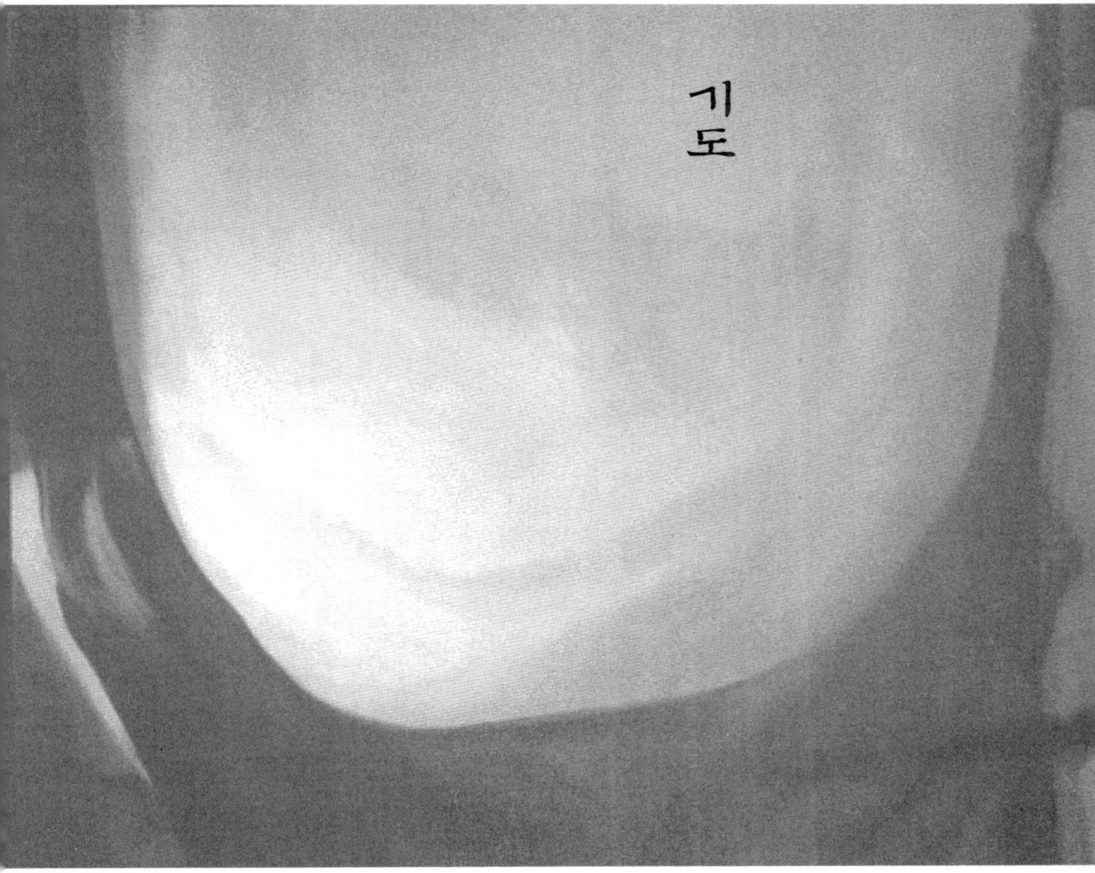

기도祈禱

기도는
하느님과의 대화야!

어떠한
복심을 갖고
기도하면
하느님은
벌써
다 아시고
그 기도를
들어 주시지 않아!

그래서
기도가
안 돼!

기도는
진정한 마음에서
나오는
기도야 해!

길 복음福音에 충실充實하여야

복음(福音)에
충실(充實)하여야 합니다.

모든 기도가 다
복음에 충실하기 위한 것입니다.

영광(榮光)인가
무엇인가 하는 것 말이다,
다 거기서 나온다.

그런데 이상한 일이다. 다음의 오늘 성경 말씀을 찾으려고 성경책을 들고 펼쳤더니 딱 바로 거기 이사야 30,20이 나왔다. 이것은 성령의 인도하심이다.
"주님께서 너희에게 곤경의 빵과 고난의 물을 주시지만(이사 30,20) 그것은 시험이었다. 너희가 오른쪽으로 돌거나 왼쪽으로 돌 때, 뒤에서 '이것이 바른 길이니 이리로 가거라' 하시는 말씀을 너희 귀로 듣게 되리라."(이사 30,21)

이렇게 오늘 새벽 나의 귀로 듣게 되었다.
'복음에 충실하여라' 하시는 말씀,
기도하다가 나의 귀로 듣게 되었다.

쌀알 하나하나에 나의 기도를

이게
저의 기도입니다!

여기까지
왔습니다!

여기까지
했습니다!

쌀알
하나하나를
붙여서
그림을 그려
병풍에 달았습니다!

이게
저의 작품입니다!

쌀알 하나하나에
저의 정과 성을 넣어

만든 것입니다!

이것에 저의 기도를
집어 넣어 만든 것입니다!

이것을
올립니다!

받아 주소서!

저의 기도를
받아주소서!

이것이
저의 전부입니다!

온전히
받아주소서!

강 건너
물 건너
어디에라도
가겠습니다!

당신 찾아
가겠습니다!

여하한 고통이 있어도
이겨내며
가겠습니다!

그러니
받아 주소서!
저의 기도를
받아 주소서!

가장 좋은 일

그러는 사이에
제발!

마음을 가다듬고
십자가를 바라보며
기도해!

이게
너에게
가장 좋은 일이야!

이보다 더 좋은 일은
없어!

그러니
이 좋은 기회를
노치지 마!

사람이 해야 할 일은 많아!
알아!
그러나 진작 중요한 일은

바로 무릎 꿇고
기도 하는 거야!

기도를 통하여
하느님과
함께 할 수 있지 않아?

이보다 더 중요한 일이
어디 있어?

그러니
절대
기도 게을리 마!

하느님께 나아가
하느님과 함께 하는 것보다

더 중요한 일이
어디 있나?

없지!
없고말고!

기도하는 일

그러면
이제
일 가요?

일이라니요?
무슨 일입니까?

일이란
꼭 육체적 일만이 아니라
정신적 일도 있습니다!

기도가 바로
그런 것입니다!

기도로써
일에 나가는 것입니다!

이 일같이
좋은 일이
또 어디 있겠습니까?

이 일을 통하여
하느님과 함께
있을 수 있고
하느님과
대화할 수 있고
그러는 것입니다!

그러니
이 일이 참
묘한 것입니다!

갈 수 있는 길
갈 수 있는데 까지
가야 합니다!

거기서
희열을 느끼고
행복을 맛보고
즐거움을
받을 수 있습니다!

그래서
이 일이
으뜸가는 일입니다!

그러니
이 일을 하는데
게을리 말고

늘 그 일을 하여야 합니다!

그러면
축복 받게
됩니다!

축복요!
축복요!
하느님 축복요!

주님 계신 곳에 갔었더냐

너희는
거기에
안 갔더냐?

거기라니요?
그게 어딥니까?

주님 계신 곳
아니겠느냐?

그러면
주님 계신 곳
갔었느냐고요?

네!
주님의 음성도 들었고
주님의 모습도 뵈었습니다!
주님의 말씀도 들었고요!

모두가
기도를 통해섭니다!

기도 없이는
그런 것을
이룰 수 없습니다!

기도가
하느님 음성을 들을 수 있게 하여 주고
하느님 모습을 볼 수 있게 하여 주고
하느님 말씀을 들을 수 있게 하여 줍니다!

사람들은
그런 일이 있다고 하면서
돈만 훌터 가 버리지요!

기도 속에 만난 사람

그가
온 것을
아시나요?

누구를
말하는 거냐?

꿈 속에서
본 것뿐이다!

꿈 속에서
본 사람은
진짜가 아니지!

Right?

맞습니다!

물론이지요!

꿈 속에서
만난 사람이
어찌
진짜겠습니까?

그러나
기도 속에서
만난 사람은
진짜입니다!

기도가
무엇입니까?

하느님과의
대화가 아닙니까?

그러면
대화하는 하느님과
기도 속에서
만나 뵈는 것이지요!

직접 만나 뵙는
것입니다!

오직 기도를 통해서만
하느님과 만나는 것입니다!

깨어서
기도하는 사람에겐
하느님은
당신을 보이십니다!

그리고
말씀하시고요!

그러니까
기도는
산 것이고
꿈은
죽은 것입니다!

살았을 때
산 일이
일어나지
죽었을 때는
아무것도
일어나지 않습니다!

그러므로
부활되어야 합니다!

부활되지 않고서
영원히 살 수가
없습니다!

거두시는 날까지

You have so much a long destination!
So much so!
Keep it up!

하느님 감사합니다!
하느님 은총으로써 입니다!
하느님 축복입니다!

감사합니다!
감사합니다!
감사합니다!

살게 하여 주셔서
감사합니다!

붙들어 주소서!
꼭 붙들어 주소서!

모든 것을 다
가져다 주셨습니다!

하느님께서
거두시는 날까지
잘 간직하여
쓸 것입니다!

그날이 오면
다 바치겠습니다!

그렇게
허락하여 주십시오!

모두 다
바치겠습니다!

하느님에게서
받은 것이니
하느님께
모두 다 바치겠습니다!

힘을 주소서!
용기를 주소서!
결단을 주소서!

Pain free!
Everything OK!

열절히 청해봐

저의 아버님은
저의 말을
들어주시지
않을 것 같아요!

천만에!
천만에!

꼭 들어 주실 거야!

열절히
청해봐!

그러면
들어주실 거야!

모든 청은
본인이
얼마나 열절히
청하느냐에
달렸어!

요나의 청을
생각해봐!

우리의 청을
들으시고

그처럼
반드시
들어 주실 거야!

이것을 믿고
실천해!
매달려봐!

반드시
응답을 주실 거야!

틀림없이
꼭 들어주실 거야!

틀림없이
꼭 들어주실 거야!

두들겨봐!
또 두들겨봐!

열릴 거야!

길 용기 있어야 해

사람에게
용기가 있어야 해요!

용기 없으면
죽은 사람이나
진배 없으니까요!

그 용기는
남이 부추겨서
나오는 그런 용기가 아니라
자기 심층에서 울어 나오는
그런 용기여야 합니다!

세상은
세상일을 잘 했다고 해서
용기 있다고 하지요!

그러나 그 용기는
하느님께서 주시는
그런 용기와는 달라요!

진정한 용기는
사람에게서
나오는 것이 아니라
하느님한테서
나오는 것이거든요!

하느님으로부터
이 용기를 받아야 해요!

그게 진정한
용기니까요!

그 용기는
불의와 싸울 수 있는
그런 용기이고
의로움을 지켜
실천할 수 있는
그런 용기거든요!

이런 용기를
하느님에게서
구해 받아야 해요!

알겠어요?

네!
잘 알겠습니다!
그리 하겠습니다!

길 네가 나에게 바라는 게?

무언가
석연치 않은 게
있다!

무엇입니까?
말씀하여 보세요!

글쎄다!

네가
나에게 바라는 것이
무엇이냐?

하느님의
아들이 되는 것입니다!

그래!(배속에서 심한 진동이)
그래!(배속에서 심한 진동이)
그래!(배속에서 심한 진동이)
그래!(배속에서 심한 진동이)

꼭 들어 주세요!

어찌하란 말씀입니까?
어찌하라고요?

말씀하여 주십시오!
얼른 말씀하여 주십시오!

드릴 말씀이 있습니다!
드릴 말씀이 있다고요!

꼭 들어 주세요!

오늘 이렇게 기도하고
새벽미사 참례하러 클리블랜드 아삼숀 성당
(베네딕도 수도원 수사신부님 운영)에 가서 미사 참례하면서

내 살을 먹고 내 피를 마시는 사람은
영원한 생명을 누릴 것이고
내가 마지막 날에 그를 살릴 것이다.

내 살은 참된 양식이며
내 피는 참된 음료이기 때문이다.

내 살을 먹고 내 피를 마시는 사람은
내 안에서 살고
나도 그 안에서 산다.(요한6,54-56)

이 말씀을 나의 마음속에 깊이 새겨 주시어
그 진 뜻을 굳게 간직하고 잊지 말게 하여 주시고,
그것이 나에게 현실화되게 하여 주시라고
주님께 간청 드렸고,
이 간청을 꼭 들어 주실 것을 빌며
묵주기도 바쳤다.

오늘이 마리아 막달레나 성인의 기념 축일이다.
예수님의 부활을 처음으로 목격하셨고
예수님의 부활을 세상에 처음으로 알리신 성인이시다.
나는 어머님께서 작고하시기 전에
어머님께 대세를 드렸다.
그리고 그 대세명을 마리아 막달레나라 하여 드렸다.
오늘 성인의 축일을 맞아 성인께
어머님의 영혼을 극련히 여겨 주시기를 빌었다.

나의 이 청원을
꼭 들어 주시기를 빈다.

너만 홀로 있어 기도하라

네!
주님!

무엇을
해야 하겠습니까?

너에게
있는
모든 것을
멀리 하라!
떠내 보내라!

그리고
오직
너만이 있어
기도 하여라!

홀로 있어
기도 하여라!

그러면

보이리라!

나를
볼 수 있으리라!

모든 것을 멀리 하고
떠내 보내어
어린이와 같이 되라.
발가벗은 적자(赤子)가 되라.
그리고 적자지심(赤子之心)을 가져라.

'너만이 홀로 있어라'는 것은
예수 그리스도가 그리고 세자 요한이
홀로 광야에 나아가 기도하였듯이
그리 하라는 것이다.

손이 올라 떠 있었다

새벽에 일어나
새벽 미사에 참배하기 위하여 성당에 가기 전
기도하고
매일 아침에 암송하는 50여개 성서 구절을 암송하고 나서
정좌(正坐)한 다음
두 손을 각기 무릎 위에 놓고
「너희는 나를 누구라고 생각하느냐?」
「수아호(誰我乎)」, 「Who am I?」를 계속 외워댔다.
이렇게 한참 하고 나서
무아경(無我境)에 이르렀고 얼마 후에 살펴보니
나의 두 손은 나의 무릎 위에서 떠서 있었음을 발견 했다.

「너희는 나를 누구라고 생각하느냐?」
이렇게 나에게 묻는 것은
나 자신이 아니라 제3자가 나에게 그렇게 묻고 있는 것이다.
그 제3자가 바로 예수 그리스도이신 것이다.
살아계시고 현존하시는 예수 그리스도께서
나에게 그렇게 묻고 계신 것이다.
(이것은 꼭이나 불교에서의 벽관(壁觀)과도 같은 것이다.)
내 자신이 성화 되어

하느님과 일치할 수 있으므로
내 자신이 하느님 안에 있으면서
나 자신에게 '너희는 나를 누구라고 생각하느냐?' 하고
물으시는 것 같이 느껴졌다.

이를 통하여
나는 무아경(無我境)에 들었다.
십자가의 성 요한은 '완전한 무(無)(nada)가 될 수 있을 때
영혼은 완전한 전부(tada)를 얻을 수가 있다'고 하였다.

무아경에 있는 것이
불가시를 경험하는 것이다.
시원의 진리를 체험하는 것이다.
전부이신 하느님을 체험하는 것이다.
침묵(沈默)이신 하느님을 체험하는 것이다.

나는 이 무아경을 경험하고 나서
그렇게도 좋을 수가 없었다.
그렇게도 기쁠 수가 없었다.
새롭구나! 삶이 새롭구나! 즐겁구나!
이렇게 찬사를 연발하였다.

항상 기도하라

늘 기도하라!
항상 기도하라!

이보다 더
기쁜 게
어디 있느냐?

이보다 더
좋은 게
어디 있느냐?

기도는
하느님과
함께 하는 것인데
이보다 더
영광스런 것이 있느냐?

하느님과
말씀을 나누는 것인데
이보다 더
좋은 것이 있느냐?

기도하면
모든 잡것들을
떨구어
청결한 모습으로
하느님께서 바라시는
모습으로
성화될 수 있으니
얼마나 좋은 것이냐?

그래가지고
하느님과
하나 될 수 있으니
이보다 더 큰
영광 어디 있느냐?

더 이상
바랄 것이 없다!
그게 전분데
무엇을 더 바라겠느냐?

하느님 빛이 빛나게

큰 일을
벌렸다!

그게
큰 일이다!

하느님의
손길이 필요한
큰 일이다!

그러니
하느님께
빌어라!

하느님!
용서하세요!
저의 죄를
용서하셔요!

언제나
저의 마음에

불을 켜 주세요!

하느님의
빛이
빛나게 스리요!

하느님!
감사합니다!
하느님!
감사합니다!

하느님!
당신 뜻
이루세요!

당신이
쓰시고져
하시는 대로
쓰세요!

상식적常識的인 것

오늘 새벽에 일어나 기도하고
나는 이러한 생각을 했습니다.

'내가 만일 신앙(信仰)의 모임에 나아가
나의 신앙체험(信仰體驗)을 이야기 한다면
나는 이렇게 이야기 하고 싶습니다.

나는
하나,
둘,
셋,
넷.
다섯,
……
서른
서른하나,
서른둘,
서른셋.

이렇게 서른셋까지 세는 것을 기도로 삼습니다.'

나는 이것을 이렇게 생각하기 때문에 그렇게 합니다.
예수 그리스도께서는 오직 33년간(실은 36년간이라고도 한다)
이 세상에서
우리와 함께 육적생활(肉的生活)을 하시며 사셨습니다.
이 짧은 기간 중에도 예수님은
세상을 바꾸어 놓으셨고,
성교회를 세우셨고,
신기원(新紀元)을 세우셨으며,
하느님의 복음을 전해 주셨고,
만인에게 하느님 나라를 선포하셨으며,
우리 인간의 죗값을 대신하시어 치러 주시어
그로써 우리 인간을 죽음에서 구해 주셨습니다.

나는 이 33년을 두 배 이상 살았지만
별로 한 것이 없습니다.

예수 그리스도께서 사신 33년은
이처럼 엄청난 일을 하신 기간입니다.
따라서 나도 예수 그리스도께서 사신 것처럼
그렇게 허락하여 주신다면
놀랄 만한 일을 할 수 있다고 믿습니다.

그래서 33까지 세어
예수님의 그 위대한 에너지와 연결함으로써
창의적이고 뜻 있는 일을 할 수 있게 되기를 희망합니다.
그러면 안 될 일이 없다고 믿습니다.
그래서 나는 그리 할 수 있는 힘과 지혜를 받기를

예수님께 간청합니다.

'기도 중에 너희가 구하는 것이면
무엇이든지 받았다고 믿어라.
그러면 그것이 너의 것이 될 것이다.(마르 11,24)'라 하신
이 말씀을 나는 믿기 때문입니다.

이렇게 생각하고 난 다음,
아삼숀 성당에 나아가 토요일 8시 반 미사에 참례했습니다.
오늘 미사 집전하신 파스칼 신부님께서
강론을 하시면서 이렇게 말씀하여 주셨습니다.
'God is in common sense.'
'The spiritual life is in common sense.'

내가 미사 참례하러 가기 전에 집에서
하나, 둘, 셋, 넷, 다섯, …, 서른, 서른하나, 서른둘, 서른셋
이렇게 세어 기도하는 것 역시 단순하고 상식적인 것입니다.
진리는 이렇게 단순하고 상식적인 것입니다.
그러면서 무한한 의미를 내포하고 있습니다.
예수님께서 이렇게 단순하고 상식적인 것으로 말씀하여 주셨지만
그 안에는 무궁무진한 의미가 내포 되어 있습니다.

동양 철학에서도 평상(平常)을 중시합니다.
이 평상이 깊은 진리이기 때문입니다.
그래서 '대도(大道)를 깨치려면 평상심(平常心)이 그 길이다'
라고 하고 있습니다.

평상심이란
조작함이 없고,
표리가 없고,
시비가 없고,
취사(取捨)함이 없고,
상(常)이 끊어짐이 없고,
범성(凡聖)이 없는 마음입니다.

너 자신을 알라

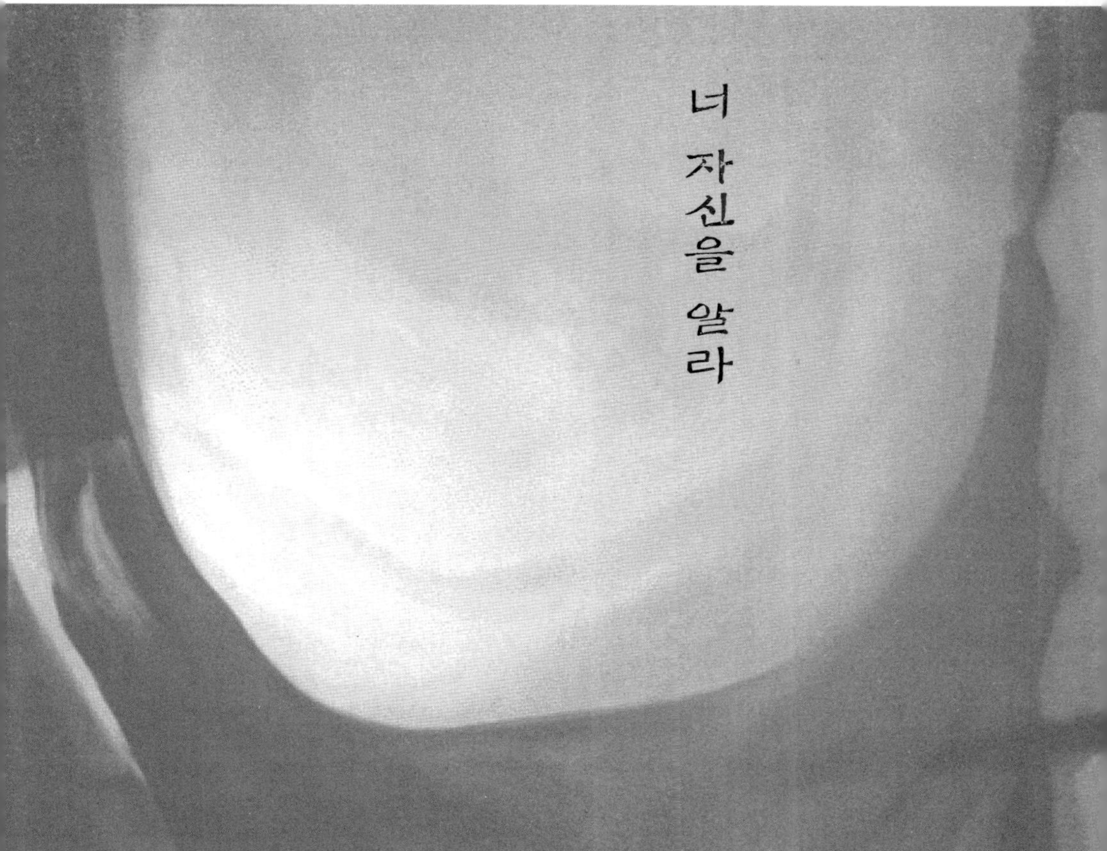

하느님과 너와의 관계를 알라

이게
우리가
할 일이다!

하느님을
모시는 일이다!

너희 부모를
모시는 것처럼
하느님을
모시는 일이다!

우선
하느님을
아는 일이다!
그리고
네 자신을
알고
하느님과
너 자신과의
관계를 아는 것이다!

이게
너희가
하여야 할
일이다!

이것을
모르고
이루지 못하고
산다면
그것은
헛사는 것이다!

그것은
하느님을
떠나서
사는 것이기 때문이다!

하느님을 떠나서
산다는 것이
지옥이다!

빛을 떠나서는
캄캄하듯이
하느님을 떠나서는
암흑이다!
그게 지옥이다!

그러니

하느님을 찾아
하느님을 알고
하느님과 함께
살아라!

그것이
천당이다!

하느님과 함께
사는 곳이
천당이다!

알겠느냐?

네!
잘 알겠습니다!

나이 들어 찾는 것

나이 들면
뭔가
찾는 것 같아요!

찾는 것이
무엇일까?

오로지 하나!
그것 아니겠어?

하느님 말이야!

이것밖에
더 찾을 게 있어?

없지!
없고말고!

모든 것을
버리고 가야 할 사람이
무엇 땀것

찾을 게 있는가?

없지!
없고말고!

다 버렸으니까
다 찾아야지!

이것을
노리는 거야!

다 놓았으니
다 잡아야!

그게 바로
하느님이시야!

하느님을 잡고
늘어서야 해!

다른 것은
다 쓸데없어!
무엇이 필요해?
다 버리고 가야 하는 마당에
무엇이 필요해?

아무것도
필요칠 않아!

하느님밖에!

하느님께
매달려!
하느님 붙들고
매달려!

그보다 더
우리에게
절실한 게 있을까?

너의 아버지가 누군지

너는
모른다!

너의 아버지가
누구인지
너는
모른다!

네가
이것을
어찌 알겠느냐?

내가
알려주지
않았는데
네가
어찌 알겠느냐?

주님!
왜
그것을

저에게
알려주시지
않으셨습니까?

　　아직
　　때가
　　아니다!

　　그때가
　　너에게
　　올 것이다!

　　그때를
　　기다려라!

주님!
주님 믿기를
50년입니다!

　　그래도
　　아직은
　　아니다!

네!
알겠습니다!

이상의 글을 적고 조반을 들면서
TV channel 5 ABC 방송을 틀었더니
Joel Osteen 목사가 설교 중에
다음과 같이 말 하였다.

God sets his time,
He will deliver what he promised!

하느님께서 그 때를 정하시고
당신이 나에게 약속하신 바를
꼭 이루어 주실 것임에 틀림없다.

너는 내 아들!

너는
내 아들이라고!

분명히 맞지?
내 아들이라고!

네가
나를
모른다고?

절대
안돼!

절대
그럴 수 없어!

우리는 기도할 때
하느님 아버지! 하고 기도한다.
하느님이 아버지시라면
나는 하느님의 아들이다.

무아無我

무아無我는
자기 자신을 없이한 자신이 아니라
자기 자신의 군덕지를 없이한 자신이다.

'군덕지'란 말은 충청도 나의 고향에서 어렸을 때 쓴 말이다.
국어사전을 찾아보니 그런 말은 없고
'군더더기'란 말은 있다.
그 뜻은 이러하다.

군더더기: 덧붙은 쓸데없는 물건.

무아無我는 순수한 자신이다.
군더더기 없는 순수한 자신이다.
마음에 군덕지(군더더기) 없는 나가 무아無我다.
무아無我는 자기 없는 자기다.
자기 없다는 것은 자기에 군덕지가 없다는 것이다.
무아無我는 진아眞我다.

군덕지라는 말을 써 본 것이 반세기도 더 된다.
그런데 어찌하여 오늘 그 말이 튀어나왔을까?
신기하다.
아마도 평생 한두 번밖에 써보지 않은 낱말인데.

군살: 쓸데없는 살. 그러니 '군'이란 필요 없다는 말이 된다.
무명無明: 죄로 가득한 것.
무아無我는 무명無明에서 벗어난 나.

그것을 아는가

그것을 아는가?

알지!
알고말고!

그것을 안다고?
정말 그것을 안다고?

껍데기만 아는 것이지!
진짜 아는 게 아냐!

정말 안다고?
그것 껍데기야!

안다고 하지만
거기에 미치지 못하지!

그런 것을 가지고
안다고 하는 것이지!

사람이 안다고 하는 것은
거기까지야!

그 이상은 몰라!
아무리 따져 봐도
모자라!

그런 것을
안다고 하는 것이지!
정말 그래!

나는 ○○이로다

나는
뿌리가 있는 것 아니냐?

이상하다.
뿌리가 있다.

정말
뿌리가 있다.

○○의 딸
○○의 아들
○○이로다

나는 근원(根源)이 있다.
정말 근원이 있다.
하느님이 계시도다.
둥글 원(圓), 동그라미, 하느님 닮은
하느님의 딸, 하느님의 아들, 아들이로다.

나는 하느님 닮은 하느님의 아들이로다.

나는 어리석은 사람입니다

이게 무엇입니까?

자연적으로
뜬 것입니까?

아니요!
자연적으로
그렇게 뜰 리 없습니다!

그러면 그게
무엇이겠습니까?

주님의 모습이십니다!

나는
어리석은 사람입니다!
주님도 몰라보니
어리석은 사람입니다!
사람으로 태어나서
주님을 몰라본대서야

되겠습니까?

안 되지요! 안 되고말고요!
그러니 마음을 딱 열고
주님을 기다려야 해요!
한번 그래 보세요!
그러면 주님을
모실 수 있을 것입니다!

네! 그러겠습니다!
감사합니다!

내가 어데 있는지

모르겠어요!

무엇을
모른다는 거요?

글쎄올시다!
모르는 것이
한두 가지야지요!

우선
내가
어데 있는지
모릅니다!

자기가
자기 있는 곳을
모른다!

그럴 테지!

그게

쉽지 않으니까!

그를 알면
커드란 깨침을
얻는 것인데!

무(無)속에 있는 거야!
텅 빈 무(無)속에 있는 거야!
그러니
그걸 잘 알 수가 없지!
당연하지!
당연하고말고!

이 텅 빔 안에서
자기의 존재를 찾는 거야!

하느님 안에서
자기의 존재를
찾는 거야!

그러면
알게 되지!

내가 어떻게 알아

작성해서
날 설어

싫어!

내가
거기 있으니까
나를 속이려고 하는 거야!

　　　문턱에 앉으셔서
　　　고생이 심하시네!

나 같은 사람이
그것을 어떻게 알아서
하겠어?

　　　몰라도 괜찮아!
　　　몰라도 할 수 없지!

그 이전에 한 것을
사실 몰랐지요!

서로 공손하고
서로 든든해야 해!

이것을
항시 유념해야 해!

이것에서 떨어지면
끈 떨어진 박이야!

우리 시대
우리 사람들에게
어울리지 않아!

그거여!
그거라니까!

'날 설어': 날을 잡아

너는 아무것도 아니야

네가
도대체
뭐라고
이렇게
굴어!

너는
아무것도 아니야!

너는
아무것도 아니야!
정말
아무것도 아니야!

나에게
아무것도 없는데
내가 무엇이야?

나는
정말
아무것도 아니야!

네가 죄인이라는 것을

그것은
확실하다!

무엇이
확실하다는
말씀입니까?

네가
죄인이라는 것
말이다!

죄인으로
태어나서
죄인으로
살고 있으니!

네가
죄인이 아니고
무엇이냐?

그러면

이렇게
죄인으로
살아가야
한단 말입니까?

아니다!
네가
죄를
용서 받아야 한다!

어떻게
말입니까?

통회하고
하느님께
빌어야지!

열절히
비는 것
이 길밖에는 없다!

만 가지 죄罪

아니요!
저는
지금
벌을 받고 있어요!

죄 때문이지요!

　　　무슨 죄요?

만 가지는 되지요!

　　　왜!
　　　그럼 빌지 않았어?
　　　왜!
　　　빌지 않았느냐고?

죄 없는
이곳이
천당이야!

내가
왜
여기에 있냐고?

하느님 계신 곳!

죄로 인하여
벌을 받고 있었다.
그것도 만 가지 죄로 인해서였다.

그런데
그 죄를 사해 주시라고
빌지 않았다.

그러고서도
죄 없는 곳,
하느님 계신 곳에 있다.

어떻게 해설까?
어떻게 죄 없는 곳, 하느님 계신 곳에
있을 수 있을까?

그것은
죄를 스스로 찾아 자인(自認)했고
그에 대한 응분의 벌을 받았기 때문이다.
그것도 만 가지나 되는 죄를 하나하나 찾아
그것을 하나도 빼지 않고 낱낱이 모두 자인했고
그에 상응한 벌을 받았기 때문이다.

모든 것이 괴로워요

모든 것이
괴로워요!

단 한번만 하세요
더는 안돼요

알겠어요?

안돼요!
그래서는 안돼요!
알겠어요?

이것은 필경 '모든 것이 괴롭다'고 하는
그러한 자포자기, 체념, 불만을 행여 해서는 안 된다는 말인가 보다.
이런 말은 어쩌다가 한번은 쓸 수 있어도
두 번 다시 써서는 안 다는 강력한 타이름의 말씀이시다.
경고의 말씀이시다. 다짐의 말씀이시다.

여하한 어려움이 있어도 절대 좌절하지 말고, 실망하지 말고
그것을 끝까지 노력해서 극복하여
꼭 달성하고 성취하라는 격려의, 경종의 말씀이시다.

미련한 존재

다
미련해
너도
미련해
그러기 때문에
너도
미련한 존재야!

알지 못하기 때문에
미련해!
그것을
알지 못하기 때문에
미련해!

니가
언제 보았어!
똑똑히 말해봐!
네가 언제 보았느냐고?
정말 보았어?

네가 미처

보지도 못했고,
듣지도 못했고,
느껴보지도 못했고,
생각지도 못했고,
해 보지도 못했고,
미리 내다 보지도 못했으니
그게 미련한 거야.
생각이 미치지도 못하고,
행동이 미치지도 못하니
그런 존재가
미련한 존재지.

분수대로 해봐

너무
서둘러서도 안 되고
너무
느릿거려도 안돼!

자기 분수대로
해야 해!

그러면
아무 탈이 없어!

이것을 어기면
탈이 나게 마련이지!

그러니
자기 분수를 알아야 해!

분수대로 해봐!
그러면
탈이 없어!

알아야 한다

이 정도는
알아야 하는데!

사람이
이 정도도 모르면
무슨 소용이 있어?

그러고말고요!
그것도 모른다면
말이 돼요?

말도 안 되지요!

우선
자기를 알아야 해요!
자기가 어떤 존재인지를
알아야 해요!

그러고서는
눈을 돌려
자기 주위를

알아야 해요!

그러고는
머리를 들어
하늘을 알아야 해요!

그런 다음
이들 간의
관계를 알아야 해요!

그러면
분명해져요!

정신을 가다듬고
이 이치를
깊게 깊게
알아보는 거요!

그러면
눈이 뜨여요!
볼 수 없었던 것을
볼 수 있게 되요!
들을 수 없었던 것을
들을 수 있게 되요!
말할 수 없었던 것을
말할 수 있게 되요!
느낄 수 없었던 것을

느낄 수 있게 되요!

그러면
되는 거요!
완전한 사람 되는 거요!

여기까지가
어렵지
그 다음은
쉬어요!

하라 하시는 대로만
하면 되니까요!

그러면
거리낄 게 없어요!
무엇이
거리낄 게 있어요?

없어요!
없고말고요!
없다니까요!

성부와 성자와 성령의 이름으로!

여기까지 왔어요!
주님!

영적고아靈的孤兒

나는
어렸을 적
영적으로
하나의 고아와 같았지

아무도
돌봐 주는 이 없었으니까!

그래서
의지할 주님을 찾게 된 거야!

길 우리가 누구인가?

가만히
있어라!

우리가
도대체 누구인가?

　　하느님의
　　자녀 아닙니까?

그러면
하느님께서
누리시는 것을
우리도 누릴 수 있다는
것입니까?

　　당연하지!

　　그러나
　　다만
　　우리가

진정히
하느님의 자녀가
될 때!

우리가
하느님의 자녀라
하지만
정말로
하느님의 자녀가
못 되거든!

그러므로
우리가
진정히
하느님의 자녀가
되어야 해!

그래야
우리가
하느님의 자녀가
될 수 있는 거야!

절대 모를 수 없어!

무엇을
모른다는 것이냐?

모르는 것
한두 가지가 아닙니다!

어째서
모른다는 말이냐?

다
갖고 태어났는데!

그러니
절대 모를 수 없어!

하느님께
청해 봐!

무엇을 모르는가를 모른다.
그러니 그저
'많은 것을 모른다' 할 수밖에.

그러나
절대 모를 수 없다.

왜냐하면
다 갖고 태어났기 때문이다.

새가 이른 봄에 안전한 곳을 찾아
둥지를 틀고 거기에 알을 낳아 품에 품어
알을 부화시켜 새끼를 까서 길러 내어 날려 보내는 것을
갖고 태어나 잘 알고 있거늘
하물며 인간이 할 바를 모를 수가 있는가?

'갈참나무 잎 하나도
제 몸을 가장 청정하게
가꾸어야 할 때가 언젠가를
알거늘'

한낱 갈참나무 한 그루도,
아니 갈참나무 잎 하나도
제 몸을 가장 청정하게 가꾸어야 할 때를 알거늘…
하물며 인간이
자신이 청정해야 할 때를 모를 수가 있겠는가?
인간의 허울을 하고서야!

도종환 시인의 '해인으로 가는 길'의
'구절양장'에서 읊은 말이다.

그 버릇 그냥?

야!
그 버릇
그냥
가지고 있는 거냐?

고쳤어?

그 버릇
그냥 가지고 있느냐고?

아니!
고쳤어?

모르겠어요!

무엇이
잘못인지!

모르겠어요!

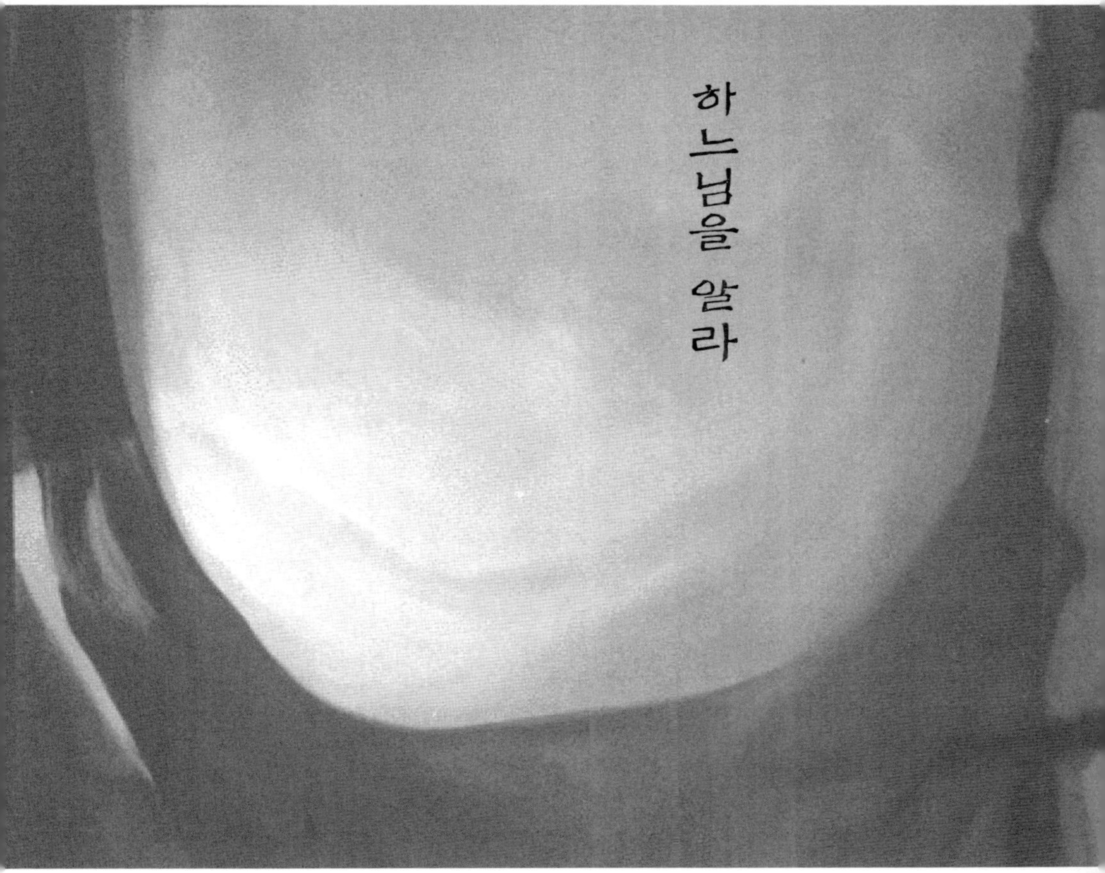

하느님을 알라

그것을 알면

이렇게
없어집니다!
있다가
없어집니다!

그러나
영구한 것이
있습니다!

그게
뭔지 아세요?

나요!
나라고요!

이것을
알고 있는 줄로
알았는데!

네!
잘 알고 있습니다!

그러면
됐다!
그러면
됐어!

그것을 알면
다 아는 것이니까!

다
된 것이지!

이것을
똑바로 알면
다 아는 것이니까!

더는 없어!
그것뿐이니까!

그것을 알면
모든 것을
알게 되는 것이니까!

더 알려
들 필요도 없지!

없고말고!

이게

완성이야!

삶의 완성이야!

다른 것
없어!

다른 것이
떠올라도
이것만 알면
다 풀려!

알겠어!

네!
잘 알겠습니다!

감사하고 감사합니다!

길 주님을 알기까지는

그래서
내가
인사드리려고 했지요!

누구에게
드리는 인산가?

누구는 누굽니까?

바로 주님이시지요!

주님을 알아 뵙고
주님을 공경하는 것이지요!

나이 들어서
겨우 알아보려는 거라고요!

그렇게 쉽게
알아 뵙게 된 것은
아닙니다!

오랫동안
방황하다가
겨우 알게 된 것이지요!

그렇게 금방
알아 뵐 수 있으면
누구나 다 할 수 있는 일
나이겠습니까?

나는 피아노
골치 아파요!

모르니까요!

그처럼
주님을 모르면
골치 아픈 거요!

주님을 알게 되므로 해서
그러한 골치 아픈 일이
없게 된 것이지요!

사실 어려운 것이지!

주님을
알기까지는
어려운 것이야!

많은 사람들이
그렇게 생각하고 있는 것
아닌가?

맞아요!
맞아요!
그래요!

내가 없다(不在하다)고들 생각하는데 너는?

'너희들은
내가 없다(不在하다)고들 생각하는데
너는 어떻게 생각하느냐?'

'너희는 나를 알지 못하지만
나는 너를 안다'

'내가 없다(不在하다)고들 생각하는데
너는 어떻게 생각하느냐?'
이것은 좋은 화두(話頭)이다.
'너희는 나를 누구라고 생각하느냐?'와 함께
우리 신앙인의 매우 좋은 묵상 거리다.

내가 없다(不在하다)고들 생각하는데
너희는 어떻게 생각하느냐?
너희는 나를 누구라고 생각하느냐?

너희들은 나를 알지 못하지만
나는 너희들을 안다.

'예, 저도 알고 있습니다.
살아계시는 하느님의 아드님,
주 예수 그리스도이십니다.'

나를 알려고 노력해 봐

너는
나를 몰라!

몰라도
한없이
몰라!

그러니
왜 사는가도
알 길이 없지!

나를
안다는 것이
모든 것의 바탕이
아니어?

그러니
나를 모르고
무엇을
알 수 있겠어?

나를 알려고
더 노력해 봐!

그러면
모든 축복
받아!

염려할 것 없어!
이것만이면 돼!
나를 아는 것
그거야!

정수精髓를 알면 되는 거야

그것은
그냥 믿어버려!

아무 생각 말고
그냥 믿어!

이거 따지고
저것 따지고 하면
믿기 어려워!

그 정수만 알면
되는 거야!

더는 필요 없어!

코걸이
귀걸이
아무리 걸어봐도
그건 그거야!

성인 가운데

한 분은
예수님 성모님밖에 몰랐대!

그래도
성인이 되신 거야!

그러므로
반드시
많이 알 필요는 없어!

이 국 만들어!

그 국이 뭐길래?

그 국에는
물과 소금과 양념
그리고 건데기가
들어 있어

그것으로
국이 되는 거야!

그처럼
몇 가지 중요 성분만 있으면
되는 거야!
알겠어?

네! 잘 알겠습니다!

중요한 것만 익혀

다는
알 수 없다 하더라도
그것으로 충분해요!

앎에는 한이 없는 것인데
어찌
다 알 수가 있겠는가?

골자를
정확히 알면
되는 거야!

물론 다 알면
좋지!
허나 그게
가능한 일인가?

아니지!

사람이
안다는 것은

대동소이해!

그러니
중요한 것을 골라
잘 익혀!

그것으로
되는 거야!

특별한
깨달음은
하늘이 내리는 것이니까!

그리 알고
기도나
열심히 해!
그러면
언젠가
주실 거야!

기도해!
깨달음 주시라고!
기도해!

네!
그러겠습니다!
감사합니다!

너는 나를 아느냐?

너는
무엇 때문에
여기에 있느냐?

그 이유를
아느냐?
정말 아느냐?

십자가에
무참히 찔리어
죽은
나를 아느냐?

네!
주님!
알고말고요!

그러면
됐다!
그러면
됐다고!

하느님!

예수님!

저 왔어요!

지가 왔다고요!

그것을 아는가?

너는
그것을
아는가?

알고말고요!

무엇을
안다는 것인가?

그것 아닌가요?

맞다
그것 말이다!

그것을
알면
모든 것을
다 아는 것이다!

그것이
도대체

무엇인고?

텅 빔입니다!
텅 빔이어요!
텅 빔이라고요!

그런 것
아니다!

그런 것
아니라면
무엇이란 거요?

하느님이야!
하느님이라고!
하느님이란 말야!

알았어?
하느님이야!

길

내가 누군지 알지오?

내가
누구인지
알지오?

네
압니다!

그런데
왜?

어데로
가는 것입니까?

하느님 아버지께로
갑니다!

그러면
뭐가
그리 걱정입니까?

하느님께서
잘
보살펴 주실 것입니다!

걱정 마시소!

네!
네!
네!
알았습니다!

길

너는 이것을 아느냐?

너는
이것을
아느냐?

네!
알고말고요!
알다 뿐입니까?

그것도
모르면
어떻게 합니까?

네가
정말
안다고?

네!
네!
알고말고요!

하나인데
뭘 더요?

더 바랄게
없어요!

하나라고요!

그것을 모른다고?

무엇이라고?
모른다고?

네가
그것을
몰라서 되나?

뭐라고?

네가
그것을
모른다고?

그것을
몰라서
되나!

안타깝구나!

안 되지!
안 되고말고!

너는 나를 몰라!

네가
나를 안다고?

아냐!
너는
나를 몰라!
전연 몰라!

네가
안다고 하지만
그것은
아무것도 아냐!

그럴 수 없어!
그럴 수 없어!
그럴 수 없어!

안돼!
안돼!
안돼!

이래두
몰라?
이래두
몰라?
이래두
모른다고?

그래!
그래!
그러면
됐어!

예수 그리스도님과의 대화다.
예수님께서
'네가 나를 안다고 하지만 너는 나를 모른다!'
이렇게 예수님께서 나에게 혹독히 꾸지람 하시는 것이다.
이에 대하여
나는 예수님께 '그렇지 않습니다'고 주장하며
'잘 알고 있다'고 우겨대는 것이다.
그리고 결국에는 그럴 리 없다고 고집하며
예수님께 설득에 나아가
'이렇게 내가 무아(無我)점성(点性)으로 무한히 작아졌는데도
내가 예수님을 모른다고 하시는 것입니까?
그럴 수 없습니다.'
이렇게 말씀드리자
예수님께서 나의 주장을 받아들이시어
'그러면 됐다'고 하신다.

그 동그라미?

아직도
나를 모른다고?

나를
모르면
어떻게
아버지를?

어떻게
그럴 수가?
네가
사람이냐?

아까
거기
그 동그라미?
그게 바로!

나에게 혹독히 또 똑똑히 주시는
예수님의 꾸지람이시다.

당신을 모르고 있다고 꾸짖으신다.
그러니 어찌 당신의 아버지 하느님을
알 수가 있겠느냐?
이렇게 꾸짖으신다.

이제까지 신앙생활을 하여왔다고 하면서
어떻게 그럴 수가 있느냐?
네가 정말로 그리스도인이냐?

거기
그 동그란 성체 말이다.
그 성체가 바로 나다!
그 동그라미, 그게 바로 나다!

그것을 완전히 아는가

Do you know it completely?

공부하여야 할 텐데!

공부라니
무슨 공부 말씀이십니까?

무엇이든지
배우는 것이 공부다!

허나
진짜 공부는
하느님 공부다!

하느님이
어떠하신 분이신가?
하느님이
역사하시는 것이 무엇인가?
하느님 사랑
하느님 말씀
등 등

그런데
거기에는 없더라!

무엇이
거기에
없다는 것입니까?

그런데 거기서 하는 거야?
잉!

내가
그것을
데려오고 싶었는데!

그것을 데려다
어찌 하시려고요?

그것을 필요로 하는 이들에게
나누어 주려고!

맘에
기초니까
잘 해봐야지!

자기 맘대로가
자유가 아냐!

이 마음

도쿠쇼!

절대
방심해서는
안돼!

매우 난해하다.
'거기에는 없더라'고 했는데 여기에서의 '거기'가 어딜까?
하늘나라일까? 그렇다면 하늘나라에서는 공부가 없다는 것인가?
그리고 '거기서 하는 거야'의 '거기'는 어딜까?
현세를 말하는 것인가?
그렇다면 현세에서의 공부인가?
또 '그것을 데려오고 싶다'는 '그것'이 무엇일까?
아마도 성령일 게다.
'이 마음 도쿠쇼'란 무엇인가?
자기 마음대로 하는 것, 그게 '도쿠쇼'라는 건가?

너는 내 것이다

다
버리고
여기

주님만을
찾아 왔습니다!

어찌
하시려는 것입니까?
어쩌자고
하시는 것이냐고요?

그래!
잘 왔다!

두고 보자!

너는
이제
네 것이 아니라

내 것이다!

알겠느냐?

네!

주님!

위의 글을 쓰고 3일 후에 'The Word Among Us'에서
다음의 성경 구절을 접하게 되었다.

'내가 네 이름을 불러 오라했으니 너는 내 것이다.
네가 물 한가운데 지난다 해도 나 너와 함께 있고 강을 지난다 해도
나 너를 떨치지 않게 하리라. 네가 불 한가운데를 걷는다 해도
너는 타지 않고 불꽃이 너를 태우지 못하리라.
…… 네가 내 눈에 값지고 소중하며 내가 너를 사랑하기 때문이다.' (이사 43,1-4)

이로써 나는 오늘(2009년 10월 28일)
최고(最高)의 은혜(恩惠) 받았다. 기쁘도다, 기쁘도다, 기쁘도다.
감사하도다, 감사하도다, 감사하도다.

기쁜 날! 기쁜 날! 주님께서 내 이름 부르시어 당신 것으로 삼아 주신 날!
영광! 영광! 대 영광!

주님께서 나에게 최고의 은혜 베풀어 주신 날!
감사하여라! 감사하여라! 감사하여라!

주님께서 나를 당신의 것으로 삼으신 날도 50번째. (122-50)
주님께서 나를 이 진리에 이끌어 주신 날도 50번째. (70-50)

이 또한 그냥 우연이라고 하기에는 너무나도 믿어지지 않는다.
성령의 이끄심이 아니고서는 이러한 은총의 일이
한꺼번에 동시적으로 일어날 수가 없을 것이다.

저를 아셔요?

이게
뭐요?
이게
뭐냐고요?

말씀
하셨어요?

나라고요!

저를
아셔요?
저를
아시느냐고요?

알다 뿐인가!
알고말고!

당연하지!
당연하고말고!

'이게 뭐요?'는
화두선(話頭禪)에서의 '이 뭐꼬'와 같은 뜻인가?

이로써 주님께서 '나'라는 존재가 도대체 무엇인가를 묻고 계시는 것이다.
이 물으심에
나는 '나라고요!' 라 대답한다.
그리고 '저를 아시느냐고' 반문한다.

그러자 '알다 뿐이냐? 알고말고.
당연히 알고말고!' 이렇게 대답하신다.

그러니 나라고 하는 존재는
그분이 잘 알고 계시는 존재다.
그렇게 귀한 존재다.

그게 무엇일까

생각하다가도
마음 한 가닥에
나타나는 것

그것이
무엇일까?

잔잔한
소리로 들리고

잠깐 떠오르는
모습!

그것이
무엇일까?

아무리
따지고 따져봐도
보려고 보려고
애써 봐도

보이지 않는
그것이
무엇일까?

어려움에 허덕일 때
이끌어주고

갈 바 몰라 헤맬 때
인도하여 주고

나의 입을
열게 하여 주는
그것이 무엇일까?

내 안에서
모든 것을
다 토해내게 하는
그것이 무엇일까?

모든 것을
다 잊게 하는
그것이 무엇일까?

나를
참고 견디게 하는
그것이 무엇일까?

한상기韓相麒

號 波岩 雅正
충남 청양 태생
전 서울대학교 농과대학(농생대) 교수
전 나이지리아 소재 국제열대농학연구소 소장보
카사바 내병다수성 품종 개량보급으로 아프리카 식량난 해소
기네스 과학공로상
나이지리아 이키레읍 추장(농민의 왕)
미시간주립대학교 우수동창상
자랑스러운 서울대인상(개교 50주년 기념식)
자랑스러운 대전고등학교 대능상
영국생물학회와 미국 작물학회 펠로우
전 미국 코넬대학교와 조지아대학교 명예교수

나는 나이고 싶다 I Wish I Could Be I **제3권**

2018년 7월 30일 초판 1쇄 발행

저 자 : 한상기
발행인 : 김병환
발행처 : 학자원
주 소 : 서울시 강동구 천호대로 1121
전 화 : 02) 6403-1000
팩 스 : 02) 6338-1001
E-mail : hakjaone@daum.net
등 록 : 2011년 3월 24일 제2011-14호

ISBN 979-11-6247-076-3 04230
979-11-6247-033-6 세트
값 15,000원